Herderbücherei

Band 573

„... in diesen Geschichten erkennen wir in dem heiteren, scheinbar so leichthin fabulierenden, dialektisch beschlagenen, witzigen Berichterstatter aus dem Land seiner höchst agilen Phantasie wieder den scharfen Beobachter und Kritiker unserer eigenen Wirklichkeit und Gegenwart, den als Spaßvogel getarnten Moralisten, dessen Ironie zündet wie der Blitz aus der Wolke ..."

Westermanns Monatshefte, Braunschweig

„... Hellmut Holthaus besitzt ein liebenswert kapriziöses Talent, das Bittere mit Grazie zu sagen und das Liebenswerte mit einem abgerundeten Bukett heimlicher Pfefferkräuter zu unterziehen ... Ich habe die ‚Geschichten aus der Zachurei' in einem Zug gelesen und Tränen der Erheiterung, der Freude und der Dankbarkeit über bestätigten Zorn gelacht ... Diese Geschichten, so einfach sie sich lesen, sind lupenreine, geschliffene Kunst ..."

Wolf v. Niebelschütz in ‚Christ und Welt', Stuttgart

Hellmut Holthaus

Das klassenlose Paradies

Reiseberichte aus der Zachurei

Herderbücherei

Veröffentlicht als Herder-Taschenbuch
Lizenzausgabe mit freundlicher Genehmigung des
Verlags Josef Knecht, Frankfurt a. M.
Titel der Originalausgabe:
„Geschichten aus der Zachurei"

Buchumschlag: Willy Kretzer

Herder Freiburg · Basel · Wien
Freiburger Graphische Betriebe 1976
ISBN 3-451-07573-3

VORBEMERKUNG

Als meine ersten Reiseberichte aus der Zachurei in den Zeitungen erschienen, bekam ich Briefe von Leuten, die fragten, wo die Zachurei sei. Und was es mit ihr auf sich habe.

Durch diese Erfahrung bewogen, habe ich dem vorliegenden Buch eine Zachureikarte beigegeben, auf der jeder sich leicht zurechtfinden kann. Die Lage der Stadt Zachzarach konnte allerdings nur annähernd ermittelt werden.

Was es nun mit der Zachurei auf sich hat, wird jedermann wissen, wenn er dieses Buch gelesen hat. Es steht übrigens gleich im ersten Absatz der ersten Geschichte.

H. H.

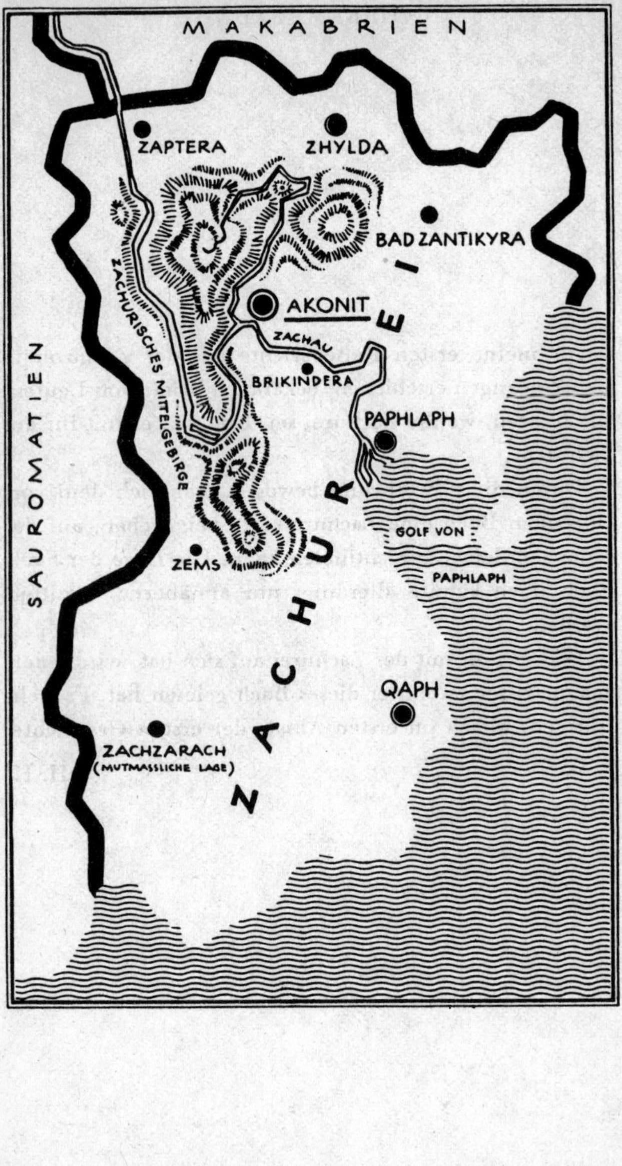
MAKABRIEN
SAUROMATIEN
ZAPTERA
ZHYLDA
BAD ZANTIKYRA
ZACHURISCHES MITTELGEBIRGE
AKONIT
ZACHAU
BRIKINDERA
PAPHLAPH
GOLF VON
PAPHLAPH
ZEMS
QAPH
ZACHZARACH
(MUTMASSLICHE LAGE)
ZACHUREI

INHALT

1. GESCHICHTE

Worin der Leser geradeswegs in das zachurische Großwochenende und auf den Gipfel des Fortschritts geführt wird

Von Zeit zu Zeit reise ich in die Zachurei, um mich über den Fortschritt zu unterrichten und mit immer neuem Staunen zu erleben, wie weit ein Land es bringen kann. Denn die Zachurei ist das fortschrittlichste aller Länder; rüstig und unbeirrt schreitet sie immer weiter fort auf der Straße des Fortschritts, allen voran.

In Zaptera fielen mir die zahlreichen feinen Herren auf, die in Gruppen beieinanderstanden oder umherspazierten. Sie schienen weiter nichts zu tun zu haben und zeigten sich erfreut, als ich mich zu ihnen gesellte; vom Gespräch mit einem Ausländer versprachen sie sich wohl Abwechslung. Ich fragte sie, was für ein Feiertag denn heute sei, daß sie so elegant und untätig seien.

Nein, edler Fremdling, sagten sie, ein besonderer Tag ist nicht, wir feiern zwar, aber nichts Bestimmtes, es ist doch Mittwoch, und mittwochs wird nicht gearbeitet in der Zachurei.

Aber, bemerkte ich, ich habe doch Männer in den Rebbergen gesehen, die emsig schafften, der Schweiß rann ihnen von der Stirn!

Ach die, sagten die Herren — das waren nur Besitzer.

Am Tag darauf boten die Straßen und Plätze das gleiche Bild. Scharen von plaudernden Zachuren in Sonntagsanzügen! War denn auch heute wieder ein arbeitsfreier Tag?

Ja gewiß, antworteten sie.

Was ist denn, fragte ich, mit den Männern, die an Schreibtischen und Schreibmaschinen tätig sind? Ich sah sie durch die Fenster.

Das waren bloß Chefs, erklärten die Zachuren. Vielleicht war auch ein Schriftsteller darunter. Donnerstags wird in der Zachurei nicht gearbeitet.

Auch am Freitag herrschte Sonntagsruhe. Wieder erkundigte ich mich bei den müßig einherschlendernden Herren nach der Ursache. Es stellte sich heraus, daß auch freitags nicht gearbeitet wurde. Allerdings hatte ich wieder Leute beobachtet, für die die allgemeine Arbeitsruhe nicht zu gelten schien — Maler, die in der Werkstatt den Pinsel schwangen, und Maurer, die Backsteinwände errichteten.

Das sind doch nur Geschäftsinhaber, sagten die Zachuren, Bauunternehmer und selbständige Malermeister. Heute wird bei uns nicht gearbeitet.

Wann, fragte ich, wenn Sie mir die Frage erlauben, wann wird denn eigentlich gearbeitet?

Montags und dienstags, sagten sie, dienstags allerdings nur bis Mittag. Mein Herr, die Zehnstundenwoche ist in der Zachurei Wirklichkeit! Der fünffache Sonntag ist bei uns durchgesetzt, das Groß-Wochenende ist erreicht. Sechs Stunden Arbeit am Montag, vier am

Dienstag, Feierabend! Sie müssen doch zugeben, fremder Herr, daß das genug ist!

Genug und übergenug, bestätigte ich. Mir wäre der Dienstag auch noch zuviel.

Eben, sagten sie, mit sechs Stunden müßte es auch zu machen sein.

Ich rühmte die Kühnheit des zacharischen Fortschritts. Nur eines, sagte ich, kann ich mir noch nicht erklären. Warum haben nicht auch die Chefs in diesem Lande Anteil an den zachurischen Errungenschaften? Warum schaffen sie, während alles der Muße pflegt?

Die Zachuren schüttelten lächelnd den Kopf. Bester Herr, sagten sie, wollen Sie doch gütigst bedenken: Wer soll denn das Sozialprodukt hervorbringen? Wollen Sie uns das bitte sagen? Wo bleibt denn unser zachurischer Fortschritt, wenn wir in dieser Hinsicht nachlassen?

Wie recht sie hatten! Ich sah es sogleich ein und entschuldigte mich für meine unbedachte Frage.

Als ich wenige Wochen später wieder durch Zaptera kam, waren die eleganten Müßiggänger von der Straße verschwunden. Die Zachurinnen waren nicht unbeteiligt an der Änderung, indem nämlich ein Teil der Herren nunmehr schrubbte und andere Hausarbeiten ausführte. Diese durch zachurische Hausfrauenenergie hervorgerufene Tätigkeit wurde allgemein das Mußeschrubben genannt. Die anderen Herren waren Kunden der Zachurischen Volkshobbywerke geworden und vollbeschäftigt mit der Entfaltung ihrer Persönlichkeit vermittels gebrauchsfertiger Individualhobbys, die diese Firma am Fließband zu volkstümlichen Preisen herstellte.

2. GESCHICHTE

Handelt in Kürze von der Schiffsglocke.
Erstaunliche und wissenswerte Neuigkeit, den hohen Lebensstandard der Zachuren betreffend

Da ich mich gerade in Qaph aufhielt, machte ich meinem alten Freund Rochus, den ich Jahre nicht gesehen hatte, einen Besuch. Er führte mich ins Wohnzimmer, und ich erblickte die Glocke. Sie war ein mächtiges Ding und stand auf dem Teppich.

Was ist denn das da? fragte ich.

Rochus grinste erstaunt. Hast du noch nie eine Schiffsglocke gesehen?

Was wollt ihr denn mit einer Schiffsglocke? Bist du Kapitän geworden?

Hahaha! lachte er. Thekla, komm einmal her! Er fragt, was wir mit der Schiffsglocke wollen. Immer noch der alte Witzbold!

Ist sie nicht schön? fragte Frau Thekla. Echt Messing, das neueste Modell!

Stimmt nicht ganz, widersprach Rochus. ZSW hat jetzt ein ganz neues Modell herausgebracht, etwas schlanker in der Form und drei Zentner schwer. Aber die hier hat gut und gern auch ihre zweieinhalb. Bis nächstes Jahr tut sie es noch. Dann tausche ich sie um.

Sie ist sehr schön, sagte ich, aber ich kann mir gar nicht vorstellen, was ihr damit wollt.

Nun hör bloß auf, sagte er. Wir gehen mit der Zeit, mein Lieber! Du glaubst nicht, wie schnell du dich an eine Schiffsglocke gewöhnst. Also wir könnten nicht mehr ohne sein. Unvorstellbar, wie wir früher ohne ausgekommen sind! Ein Glück, daß man sich eine leisten kann. Mit einer Schiffsglocke hat man was vom Leben!

Ja, nickte Thekla, eine Schiffsglocke ist eine Schiffsglocke!

Ganz gewiß, sagte ich. Das ist wohl richtig. Aber ich verstehe immer noch nicht ganz, wozu ihr sie braucht. Wenn ihr es mir einmal erklären wolltet?

Rochus schüttelte den Kopf. Hat man so etwas schon gehört! sagte er. Unser Lebensstandard ist eben sehr hoch! Jeder einigermaßen situierte Mensch hat eine Schiffsglocke, das ist selbstverständlich.

Und was, zum Kuckuck, rief ich, wird mit all diesen Schiffsglocken gemacht?

Menschenskind! schrie Rochus. Schiffsglocken sind doch modern! Du kannst sie auf Raten kaufen!

Ach so! Jetzt begriff ich endlich.

Das ist etwas anderes, sagte ich. Dann natürlich! Warum habt ihr es denn nicht gleich gesagt?

Wir dachten, erklärte Thekla, in eurem Land wären die Schiffsglocken auch schon modern und auf Raten zu haben.

Noch nicht, sagte ich, wir sind noch etwas zurück. Aber wenn es so weit ist, will ich auch eine haben. Man muß doch mit der Zeit gehen!

3. GESCHICHTE

Von den unerhörten und kühnen Abenteuern, welche die zachurischen Seelenforscher in den Kellergewölben der Seele bestehen

Die alten Psychologen oder Seelenforscher untersuchten das Wesen der Seele, den Zusammenhang zwischen Seele und Leib und die Frage der Unsterblichkeit. Die neuen denken praktischer. Sie erforschen, was der Mensch sich bei dem Wort „Flasche" denkt und ob er im Kino weint, zählen die Wörter, die er in der Minute spricht, und messen die Länge seiner Träume.

An den zachurischen Universitäten herrscht ein reges psychologisches Treiben. Ich hatte Gelegenheit, es zu sehen. Einige Forscher arbeiten Fragebogen mit Hunderten von Punkten aus, zum Beispiel: Warf Ihr Großvater im Zorn mit der Kappe? Finden Sie Kupferdraht sympathisch? Denken Sie in der Eisenbahn an die bildende Kunst? Sind Sie der Ansicht, daß auf Herdfeuer gekochtes Sauerkraut weniger gut schmeckt als auf Gas gekochtes, und wenn ja, glauben Sie, daß die Benutzung eines Gasanzünders den Wohlgeschmack weiter verbessert? Ziehen Sie eine Kuh einem Omnibus vor? Machen Sie das Licht lieber an oder aus?

Andere Gelehrte ermitteln die Denkgeschwindigkeit von Versuchspersonen. Wieder andere Geistesarbeiter tragen jede Viertelstunde in Tabellen ein, was sie gerade machen, und das monatelang, wobei am meisten zu bewundern ist, daß sie überhaupt noch etwas machen.

Nachts geht der wissenschaftliche Betrieb weiter. Einige von der Nachtschicht schlafen im Dienste der Forschung, andere ziehen sie alle zehn Minuten an den Beinen, um herauszufinden, wie fest sie schlafen und ob sie träumen, wobei wiederum die höchste Achtung verdient, daß die armen Menschen überhaupt noch schlafen oder träumen. Auf frischem Traum ertappte Schläfer legen sofort ein Geständnis ab und lassen es protokollieren.

Testward ho! ist der Wahlspruch der unerschrockenen und emsigen Männer, die dieses alles veranstalten. Sie halten das Seelenlabor in Vollbeschäftigung, um den psychologischen Kunstdünger für Geschäfts- und Eheleben und überhaupt das ganze Erdendasein zu gewinnen, damit jedermann glücklich und der Flor des Menschengeschlechts begründet wird.

Diesem hohen Ziel dient auch ihr MF-Test. M bedeutet das Maskuline oder Männliche, F das Feminine oder Weibliche. Dieser spannende Test umfaßt sieben Fragebogen mit insgesamt fünfhundert Fragen — genug, um das Wesen des Männlichen und Weiblichen zu erforschen. Es finden sich, sagen die Forscher, männliche und weibliche Wesenszüge in unterschiedlicher Mischung bei Mann und Weib. Das leuchtet ein. Laßt uns also herausfinden, was mit uns los ist!

Was mögen Sie lieber, Musik oder Sport? Sport? Männlich. Haben Sie Interesse für antike Möbel? Nein? Männlich. Fällt es Ihnen schwer, beim Aufwachen sofort aufzustehen? Nein? Männlich. Ist Ihnen ein schmutziges Tischtuch eklig? Nein? Männlich. Haben sie Mitleid mit einer ertrinkenden Biene? Nein? Männlich.

Nachdem ich mich fertiggetestet hatte, fühlte ich mich so durch und durch weiblich, daß ich in Tränen ausbrach und nach einer neuen Handtasche, einem Lippenstift und einem schönen Gynäkologen schrie.

Denn ich mag Musik lieber als Sport, interessiere mich für antike Möbel, drücke mich vor dem Aufstehen, finde ein schmutziges Tischtuch widerlich und habe Mitleid mit einer ertrinkenden Biene, schon manche habe ich gerettet. Was ist mit mir los? Sei ein Mann! ermannte ich mich. Ein Mann ist mehr für Sport als für Musik, hat keinen Blick für antike Möbel, springt beim Wecken sofort aus dem Bett, läßt sich von schmierigen Tischtüchern nicht den Appetit verderben und die Biene ruhig versaufen. Das ist ein Mann!

Ein Mann? Oder ein Banause und Grobian? Vielleicht war der MF-Test gar kein MF-Test, sondern mehr ein Hauklotz-Test? Diese Psychologen hatten so lange psychologisiert, bis sie klobig und gefühllos mit männlich verwechselten!

Ich trocknete meine Tränen und sagte zu den Herren: Geehrte Professoren, Ihr MF-Test und sämtliche andere Tests dieser Art sind Murks!

Ich weiß nicht, woher ich den Mut nahm, zu diesen gelehrten Zachuren so zu sprechen. Es mußte an dem Männlichen in mir liegen, und ich fuhr fort: Was bei

Ihrer Heringsseelenanatomie und psychologischen Spindkontrolle herauskommt, haben wir entweder schon vorher gewußt, oder es ist dummes Zeug!

Sie lächelten sanft, und mir fielen zwei ihrer MF-Test-Fragen ein: Fühlen Sie sich leicht verletzt, und ärgern Sie sich über derbe Ausdrücke? Die Herren fühlten sich gar nicht verletzt. Zachurische Psychologen sind sehr männlich. Ehrenwerter Fremdling, sagte der Erste Seeleningenieur, wir begreifen Ihr ungünstiges Urteil, unsere Wissenschaft ist Ihnen eben noch zu fremd. Ja, unsere Fragen haben es in sich! Wir benutzen sie als Treppenstufen, verstehen Sie? Gewissermaßen als Treppenstufen, auf denen wir hinabsteigen, immer tiefer und tiefer, bis wir in Ihrem Seelenkeller ankommen, wo wir sozusagen Ihre alten Flaschen, Ihr ganzes Gerümpel und die Kohlen und sogar die Spinngewebe abstauben. Und wenn wir wieder heraufkommen, wissen Sie, was wir in der Hand halten? Ihr Schicksal, mein Herr! Ihr Schicksal mit Gebrauchsanweisung!

4. GESCHICHTE

Enthält ein denkwürdiges Nachtgespräch, das des Verstandes der gelehrten Partner würdig ist

Es war kurz vor Mitternacht. Ich war müde und wollte schlafen gehen, als Zachradio ein Nachtgespräch ankündigte, eine Diskussion über das Thema „Sind die schwachen Verben immer noch so schwach?"

Das fesselte mich, meine Müdigkeit verflog. Schon lange hätte ich gern gewußt, wie es in der Zachurei um die schwachen Verben stand und ob es vielleicht ein Mittel zu ihrer Kräftigung gab.

Drei Herren, so teilte der Ansager mit, würden sich unter der Diskussionsleitung Zarlo Crauses an dem Gespräch beteiligen. Crause stellte die Partner vor, Herrn Dr. Veber, Herrn Professor Zymerman und Herrn Dr. Dr. Phranke. Einführend wies Crause auf die Bedeutung des Themas für den heutigen Menschen hin und drückte seine Hoffnung aus, daß es den Herren gelingen werde, der Sache auf den Grund zu gehen. Als erstem erteilte er Dr. Veber das Wort.

Dr. Veber: Meine Herren, ich schlage vor, daß wir zunächst Einmütigkeit über die Begriffe herbeiführen. So wird es uns am ehesten gelingen, das Thema einzukreisen. Wenn Sie mit diesem Verfahren einverstanden sind, erlauben Sie mir bitte, an den Anfang eine Frage zu stellen: Was heißt schwach?

Crause: Herr Doktor Phranke?

Dr. Dr. Phranke: Ausgezeichnet, Herr Doktor Veber! Ich beglückwünsche Sie zu Ihrer scharfsinnigen Fragestellung. So werden wir die Tiefen ausloten können. Wir dürfen nicht sagen, daß Schwäche schlechthin Schwäche sei. Das wäre schwächlich gedacht. Ich möchte sagen, der Denksatz muß im Soziologischen liegen, kurz, es muß die Integration der Schwäche in die Stärke vollzogen werden. Wenn dies nicht gelänge, müßte eine weitere Schwächung mit unabsehbaren Folgen eintreten.

Dr. Veber: Und doch auch wieder, meine Herren, würde ich sagen, daß ich sagen würde, daß die schwachen Verben ihrerseits, denn um sie geht es ja, und wir wollen sie über der gedanklichen Durchdringung ihres Hineinwirkens in die Existenz des heutigen Menschen doch nicht ganz vergessen, wie sagte ich doch eben?

Crause: Sie erwähnten die schwachen Verben ihrerseits.

Dr. Veber: Richtig, ganz meinerseits.

Prof. Zymerman: Meine Herren, das ist unwissenschaftlich.

Crause: Herr Professor Zymerman?

Prof. Zymerman: Ja, ich muß leider widersprechen. Meine Herren, auch früher gab es schwache Verben, aber mit Haltung, es lag Kraft in ihrer Schwäche. Die Optik des Grammatischen, wenn ich es einmal so ausdrücken darf, fordert äußerste Behutsamkeit in der Wahl der Verfahrensweise. Wir können den Menschen, vorab den alten Menschen, nicht einfach durchkonjugieren.

Dr. Veber: Natürlich birgt das Ausgesetztsein des modernen Verbs immer die Gefahr der Entwesung in sich. Und hier, so meine ich, ist der Punkt erreicht, an dem die Gemeinden eingreifen sollten.

Dr. Dr. Phranke: Warum nicht auch die Landkreise?

Crause: Meine Herren, unsere Zeit ist um. Zusammenfassend möchte ich feststellen . . . ja, Herr Doktor Doktor?

Dr. Dr. Phranke: Entschuldigen Sie bitte die Unterbrechung. Aber einen Gedanken möchte ich noch ausdrücken, der mir wichtig erscheint. Der Sinn des schwachen Verbs für das Lebensgefühl des Menschen in dieser Zeit liegt doch gerade auf der Ebene des Metrischen im allgemeinen Währungsraum!

Prof. Zymerman: Das ist ein weites Feld. Ich würde eher sagen, daß die Verbseele von Haus aus zum zweiten Konditional neigt. Ich bin Großvater und beobachte das an meinen beiden Enkelkindern.

Zarlo Crause: Meine Herren, ich danke Ihnen. Zusammenfassend möchte ich feststellen: Die schwachen Verben sind so schwach, wie sie sind. Aber es wird für sie getan, was irgend möglich ist. Und damit beende ich die Diskussion über das Thema „Sind die schwachen Verben immer noch so schwach?"

Mir war ganz schwach. Die Diskussion hatte mich doch sehr angestrengt. Mit letzter Kraft drückte ich den Radioknopf und legte mich zur Ruhe.

5. GESCHICHTE

Worin die Wahrheit über Schilda ans Licht gebracht und das Rätsel des berühmten Rathauses gelöst wird

Es ist an der Zeit, den schwer mißhandelten Ruf der Schildaer wiederherzustellen. Sie waren gar nicht solche Tölpel, o nein, tölpelhaft war die Welt, die über ihr neues Rathaus ein Gelächter anstimmte. Ein unbeschreiblich dummes Gelächter! sagte Bürgermeister Zeps.

Schilda, eigentlich Zhylda und nicht zu verwechseln mit dem preußischen Schildau, liegt im Norden der Zachurei. Ich komme soeben von dort, wo ich Nachforschungen angestellt habe, und kann berichten, wie es sich mit dem berühmten Rathaus in Wirklichkeit verhielt. Es steht leider nicht mehr, aber ich habe die Fundamente besichtigt und die Gemeindeakten aus dem elften Jahrhundert durchgesehen, die der Bürgermeister mir zugänglich machte. Auch habe ich mich mit alten Schildaern unterhalten, um zu erfahren, was die mündliche Überlieferung aufbewahrt hat. Was sich dabei herausgestellt hat, ahnte ich schon, als ich nach Schilda fuhr, und meine Ahnung wurde in einem solchen Umfange bestätigt, daß ich mich verpflichtet fühle, die

Tatsachen über das Rathaus von Schilda öffentlich bekanntzumachen.

Halten wir zunächst einmal fest, was das über die ganze Welt ausgestreute Gerücht besagt. Die Schildaer sollen beim Bau ihres Rathauses die Fenster vergessen haben. Danach sollen sie, um den Mangel auszugleichen, versucht haben, das auf dem Marktplatz vorhandene Tageslicht in Säcke zu schaufeln und ins Rathaus zu tragen.

Historisch daran ist allein der Bau des fensterlosen Rathauses.

Das Einsacken des Lichtes ist eine beleidigende Erfindung und alberne Lüge, von gehässigen Banausen in die Welt gesetzt, die sich für witzig hielten, um Schilda dem allgemeinen Gelächter preiszugeben. Dies haben meine Forschungen, die Bürgermeister Zeps tatkräftig unterstützte, erwiesen. Für den Versuch, das Licht sackweise in das fertige Gebäude zu transportieren, ergab sich aus den Bauakten nicht der geringste Anhaltspunkt. Wie sollten auch die Ratsherren, die damals die Stadt regierten, ein solches wahrhaft blödsinnig zu nennendes Bemühen gebilligt und nicht erkannt haben, daß es erfolglos hätte bleiben müssen?

Aber die Welt, kritiklos und auf lächerliche Skandalgeschichten versessen wie immer, tat den Verleumdern den Gefallen, glaubte ihnen und lachte aus vollem Halse. Überlegte man sich denn nicht, daß das „Vergessen" der Fenster den Ratsherren schon während der Bauzeit hätte auffallen müssen? Nein, jene Männer wurden als schlafmützige Trottel hingestellt, die erst nach Fertigstellung des Baues merkten, daß er keine Fenster hatte

Die Trottel waren diejenigen, die am lautesten lachten! Damit bewiesen sie nur, daß sie nichts, aber auch nichts verstanden hatten. Kleine Geister, unfähig, einen großen Gedanken zu fassen, rückschrittliche, stumpfsinnige Geschöpfe, die nicht imstande waren, einem genialen Entwurf mit der nötigen Aufgeschlossenheit zu begegnen, dumpfe Kleinbürger, die von nichts auf der Welt eine Ahnung hatten als von ihrem Handwerk, gleichwohl aber mitreden wollten in höheren Dingen, sogar in den Dingen der Kunst, von der sie keinen Hauch verspürten. Diese Esel glaubten tatsächlich, die Fenster wären vergessen worden, brüllten vor Lachen und machten aus einem Meisterwerk ein Gespött und Gaudium.

O nein, die Fenster waren nicht vergessen worden!

Der Architekt wollte keine Fenster, keine eckigen, keine runden, keine großen, keine kleinen, keine gleichmäßigen und keine ungleichmäßigen — überhaupt keine. Das war seine Bauidee. Er wollte etwas damit symbolisieren. Leider weiß man nicht mehr, was, da seine Aufzeichnungen über diesen Punkt verlorengegangen sind, aber wir dürfen hoffen, daß die zachurischen Kunsthistoriker es noch herausfinden.

Das Rathaus von Schilda war keine Fehlkonstruktion. Es war moderne Architektur.

Dies ist die Wahrheit über Schilda. Es ist mir keine kleine Genugtuung, daß es mir gerade in dieser Zeit, wo wir Zeugen des mutigen und staunenswerten Schaffens moderner Architekten sein dürfen, vergönnt ist, den Meister von Schilda von dem Makel zu säubern, den niedrige Spötter ihm angeheftet haben in ihrem Unverstand, und ihn als das zu zeigen, was er gewesen ist: ein großer Baumeister, der seinen Zeitgenossen um Jahrhunderte voraus war, ein tragischer Vorläufer, der als geborener Schildaer in der Regierung seiner Vaterstadt einen verständnisvollen und kühnen Bauherrn fand und doch scheitern mußte, weil die Zeit für ihn noch nicht reif war. Die Leute von damals begriffen ihn nicht. Das könnte den heutigen Zachuren nicht mehr passieren; wenn sie ein neues Bauwerk nicht begreifen können, sind gleich die besten Fachleute zur Hand, die ihnen alles klarlegen und die Absichten des Architekten erläutern.

An den Zachuren ist es nun, den Bauplan des Meisters von Schilda aus den Akten der Stadtverwaltung hervorzuziehen und zu seinem Ruhme das erhabene Bauwerk in ursprünglicher Reinheit wieder aufzurichten.

Glücklicherweise, sagte Bürgermeister Zeps, haben wir Architekten, die einer solchen Aufgabe gewachsen sind.

6. GESCHICHTE

Welche der Verfasser selbst nicht glauben würde, wenn er nicht alles mit eigenen Augen gesehen hätte. Handelt von nichts Geringerem als Pantapal

Meine wiederholten Reisen in die Zachurei mache ich nicht nur aus Neugierde. Auch das Interesse an unserer eigenen Entwicklung treibt mich hin. Dort sind sie nämlich schon soweit, wie wir einmal sein werden — wir dürfen nur nicht erlahmen.

In der Zachurei ist bereits alles aus Pantapal.

Wissenschaft und Technik haben nicht geruht, bis es so weit war: mit echt zachurischem Zielbewußtsein sind sie immer weiter fortgeschritten, und nun ist alles aus Pantapal. Zum Beweise und als Andenken habe ich einen neuen Hut mitgebracht, eine elegante und haltbare Kopfbedeckung, griffig, stoßfest und abwaschbar, mit fester Beule. Die Beule ist so fest, daß man, um sie zu zerstören, schon den ganzen Hut zerschlagen müßte, was allerdings nur mit schweren Hämmern möglich wäre.

Pantapal ist ein Superkunststoff, der alle Eigenschaften fester, flüssiger, halbflüssiger, starrer, biegsamer und dehnbarer, dichter, lockerer, durchsichtiger und undurchsichtiger Körper in sich vereinigt und in jedem gewünschten Zustand und Farbton geliefert werden kann. Er ist in der Masse gefärbt, unverwüstlich und leicht zu verarbeiten. Alleiniger Hersteller sind die „Zachurischen Pantapal-Werke für die Versorgung der Bevölkerung mit allem".

Was für eine grandiose Erfindung! Ich zahlte mit Geld aus Pantapal, wohnte in Häusern aus Pantapal, rauchte Zigaretten aus Pantapal, aß Weich- und Hartkäse aus Pantapal — besonders der Pantapal ohne Rinde war hoch zu rühmen — und trank Pantapal liquid mit Himbeergeschmack. Hinter Schaufensterscheiben aus Pantapal lagen herrliche Fertigkleider aus Pantapal, Bauern düngten ihre Felder mit Pantapal, und Arbeiter teerten die Straße mit dem gleichen Pantapal-Sirup, den ich zum Frühstück als Brotaufstrich genoß. Welch ein Triumph der zachurischen Wissenschaft!

Am Abend vor meiner Abreise war ich bei Minister Zabel zu Gast. Er bewirtete mich mit blauem Wein; im Pantapalzeitalter, sagte er, sind wir an die traditionellen Naturfarben nicht mehr gebunden. Seine Sammlung älterer moderner Kunst erweckte mein Interesse. Vorzüglich gefielen mir einige Tierplastiken. Sie waren gegenständlich gearbeitet, allerdings waren die Namen der Dinge mit der schrankenlosesten Freiheit und Genialität vertauscht, so daß zum Beispiel ein naturgetreuer Löwe als „junge Erbsen" und ein schöner Elefant als „Koks II" bezeichnet war. Alles Pantapal! erklärte der Minister, Typ Marmor, aus dem wir auch unsere Bomben machen. So dient Pantapal unserer Kunst so gut wie der zachurischen Verteidigung.

Aber dieser zarte Schweinebraten, sagte ich beim Essen, ist doch wohl nicht aus Pantapal?

Meine Frage schien ihm peinlich zu sein. Das Pantapal-Schwein, sagte er verlegen, befindet sich noch in der Entwicklung. So müssen Sie im Augenblick noch mit gewöhnlichem Hausschwein vorliebnehmen. Aber wenn Sie im nächsten Jahr wiederkommen . . .

Eine leichte Röte stieg in seine Wangen, so daß sein zart taubenblauer Teint eine violette Tönung annahm. Ich lobte seine interessante Hautfarbe. Was wollen Sie, sagte er resigniert, die Öffentlichkeit wollte mich so, wir leben in einer Demokratie. Ich hätte ja auch flaschengrün sein können, dies hätte meinem persönlichen Geschmack besser entsprochen, aber wir hören immer auf die Stimme des Volkes.

Diese Rede war mir unverständlich, ich fürchtete jedoch, ihm mit weiteren persönlichen Fragen lästig zu fallen, und wandte mich mit bewundernden Worten seinen Möbeln zu. Dieser geschnitzte Stuhl, sagte ich, ist ein wahres Prachtstück.

Er lachte. Nicht geschnitzt, sagte er, sondern gegossen. Pantapal!

Ich vermutete es, nickte ich. Bei uns haben wir immer noch so viele verschiedene Materialien, daß man in manchen Fällen Fachleute nötig hat, um die Hölzer, Steine, Textilien und sonstigen Werkstoffe sicher auseinanderzukennen.

Er lachte noch mehr. Nein, sagte er, Fachleute brauchen wir dafür nicht, haha, der jüngste Zachure weiß Bescheid: alles Pantapal! Wie rückständig Sie doch sind, entschuldigen Sie. Fachleute, hahaha! A hahaha hahahaha!

Vor Vergnügen schlug er sich ein paarmal kräftig mit der Klinge des Tischmessers ins Gesicht.

Minister Zabel war auch aus Pantapal!

Er war ein sehr guter, widerstandsfähiger Minister. Qualität! Man hätte Zwiebelröhren auf ihm schneiden und sogar Fleisch auf ihm hacken können.

7. GESCHICHTE

Schildert eine seltsame Begegnung in der Apotheke und enthüllt das Geheimnis eines zachurischen Kunstmittels

In der Apotheke zum Zauberer Merlin kaufte ich mir ein Röhrchen Pantapaltabletten gegen meine Erkältung; Pantapal dient selbstverständlich auch als Medikament, ist sehr wirksam gegen Schmerzzustände aller Art, heilt und beugt vor.

Ein schöner Finsterling verlangte etwas für seine Heiserkeit.

Sie meinen gegen, verbesserte die Verkäuferin.

Nein, für, Zerlinde, rief der Apotheker aus dem Hintergrund. Der Herr ist Künstler!

Ach so, sagte das Mädchen. Wie schön! Entschuldigen Sie bitte. Wünschen Sie es mit Feilspänen?

Selbstverständlich, nickte der Kunde ernst. Wie immer. Das Beste vom Besten!

Der Apotheker kam herbei und sagte: Ich werde Ihnen also etwas aus Feilspänen, gemahlenem Koks, Gerberlohe und Ätzkalk zubereiten. Noch ein Tropfen Salzsäure, und Sie werden zufrieden sein.

Der Herr vertrieb sich die Wartezeit, indem er leise „Krah, Krah“ vor sich hinsang.

Als er gegangen war, sagte der Apotheker: Er ist Sänger.

Früher, bemerkte ich verwundert, bohnerten die Sänger ihre Kehlen mit „Mi mi mi"!

Das ist vorbei, sagte er. Jetzt ist heiser modern. Die Heiserkeit greift in Künstlerkreisen immer mehr um sich.

Sie heisern so wundervoll aufregend! schwärmte die Verkäuferin.

Ja, bestätigte der Apotheker, wir möchten es nicht mehr missen. Unsere Zeit hat den Reiz der Heiserkeit entdeckt! Im Heiseren, mein Herr, liegt die Leidenschaft, die aus des Seelendschungels Tiefe faucht. Im Heiseren liegt das wilde Abenteuer, es knurrt der Wolf im Menschen, und man hört des Dämons Husten. Im Heiseren liegt der Zauberdiva bittersüßes Gift, des Supermannes Sex-Appeal. Wie wir es heute sehen, fremder Herr, müssen Circe die schöne Hexe und Achilles der Held heiser gewesen sein.

Sie müssen öfter Zachradio anstellen, riet das Mädchen. Dann werden Sie die Heiserstimmen hören — zachurische und ausländische Chansonetten, Filmdamen und Filmherren. Der Herr, der eben hier war, spielt heute abend die Hauptrolle.

Ich folgte dem Rat und hörte am Abend Zachradio. Es gab ein dunkelgraues, zerklüftetes Hörspiel, in dem wirklich jener schöne Finsterling auftrat. Er war entsetzlich heiser, das Mittel hatte geholfen.

Kaum schmirgelte er ein Wort, so wußte man, hier spricht einer, der des Lebens Höhen und Tiefen kennt, ein mit Kölnisch Wasser gewaschener Rinaldini, ein furchtloser Ritter und Todesfahrer im Frack, und seine Heiserkeit hat er beim Kampf mit Tigern und Feuersbrünsten, Anhalten von Lokomotiven und Trinken von sechzigtausend Flaschen Whisky erworben. Geheimnisvoller Fremdling, der er war, tauchte er einfach auf, steckte sich auf dem Rennplatz ein paar feurige Pferde in die Tasche, erkannte mit sicherem Blick die Frau von Welt und liebte sie unverzüglich. Wenn er nur röchelte: Gnädige Frau, ich fahre nach Übersee!, war es, als entstiegen brennende Pfefferwolken seinem Munde, die gnädige Frau erglühte von Liebe und spürte ihre Seele stöhnen, als hätte er sie mit einer Raspel gestreichelt.

8. GESCHICHTE

Von den umwälzenden und beglückenden Resultaten einer neuen Wissenschaft. Unentbehrlich für jedermann, der hundert Jahre werden will

Die Zachuren haben entdeckt, wie man ohne Schwierigkeiten ein Wissenschaftler werden kann. Man beschäftigt sich mit irgendwas und gibt ihm einen lateinischen oder griechischen Namen. Dann hat man eine neue Wissenschaft gegründet und ist ein Wissenschaftler. Dieser großen Entdeckung verdankt die Zachurei eine ganze Reihe wichtiger moderner Wissenschaften, so die Longitudinologie (die Wissenschaft vom Längenwachstum) und die Saburrologie (die Wissenschaft vom Sand).

Zum Beispiel, wie kommt es, daß manche Leute alt und älter werden, wobei sie sich ganz wohl fühlen und sogar noch Geld verdienen, während andere schon mit Sechzig die Schlappen anziehen und hinter dem Ofen sitzen, wenn sie nicht gar schon in die Grube fahren?

Frau Dr. Zarline Capes-Dry von der Universität Brikindera beschloß, diese Frage wissenschaftlich durchzudenken. Als erstes sah sie im lateinischen Wörterbuch nach (das griechische war gerade ausgeliehen), wie „jugendkräftiges Greisenalter“ auf lateinisch heißt. Es heißt senectus iuvenalis, und Dr. Capes-Dry begründete die Juvenalsenectologie oder Junggreisforschung und wurde selbst eine Juvenalsenectologin.

Die bekannte Juvenalsenectologin, muß man schon sagen, denn welcher Zachure hätte noch nichts von ihren nach ganz modernen Methoden betriebenen Forschungen gelesen? Sie legte den tausend Hundertjährigen des Landes eine Menge fein ersonnener Fragen vor. Die wichtigsten lauteten:

Warum sind Sie so alt geworden? Macht es Spaß, alt zu sein? Was wünschen Sie sich zum Geburtstag? Welche Pläne haben Sie für die Zukunft?

Sind Sie einmal vom Dach (Baum) gefallen? (11,3 Prozent vom Dach, 14,5 Prozent vom Baum). Haben Sie jemals das Atmen vergessen? (99,9 Prozent nein, 0,1 Prozent keine Meinung). Dieses merkwürdige Ergebnis war auf den Bauern Zodo Phux, 147, zurückzuführen, der deppert geworden war und den ganzen Tag „Schön und kaffeebraun sind die Augen der Frauen beim Weine" sang.

Rauchen Sie? (49,8 Prozent waren Raucher; sie hatten es als eichene Naturen ausgehalten. 50,2 Prozent waren Nichtraucher; diese hatten als ebenso eichene Naturen das Nichtrauchen ausgehalten.) Essen Sie Knoblauch? (74,3 Prozent nein, 25,7 Prozent ja). Philip Zobil, 106, versicherte glaubhaft, daß er täglich vier Pfund Knoblauch verspeise, und die Juvenalsenectologin sah sich genötigt, dieses Interview vorzeitig abzubrechen.

Frau Dr. Capes-Dry hat die Ergebnisse ihrer Untersuchungen in folgende drei Punkte zusammengefaßt, mit denen sich der RF (Robustheitsfaktor) errechnen läßt:

1. Die Befragten waren hundert und mehr Jahre alt geworden, weil sie noch am Leben waren. Es steht demnach juvenalsenectologisch fest: Wenn man alt werden will, muß man am Leben bleiben.

2. Früher wurde allgemein angenommen, wenn man Knoblauch esse, werde man hundert Jahre alt. Das Gegenteil ist richtig: Wenn man Hundert wird, kann man mit hundert Jahren noch Knoblauch essen.

3. Die Erreichung eines hohen Alters ist abhängig von der Rüstigkeit des einzelnen, seiner körperlichen und seelischen Robustheit, worauf man ohne die Capes-Dryschen Forschungen nie gekommen wäre. Nur so ist es zu erklären, daß auch die vom Baum oder Dach Gefallenen (25,8 Prozent) noch am Leben waren.

Zodo Phux, Dobel a. d. Zachau, wurde übrigens kürzlich, das Lied „Schön und kaffeebraun" auf den Lippen, dahingerafft, einen Tag vor seinem 148. Geburtstag. Dies war die Folge einer verhängnisvollen Veränderung seines RF, wie Dr. Capes-Dry, die unverzüglich nach Dobel/Zachau geeilt war, an seiner Bahre ermittelte.

9. GESCHICHTE

Woraus Näheres zu erfahren über ein äußerst merkwürdiges Leiden, die zachurische Krankheit genannt

Nun, Zalentin, fragte ich das Bübchen, was willst du denn mal werden?

Krank, antwortete Zalentin.

Das war eine erstaunliche Antwort. Ich bedachte jedoch, daß ich Gast einer zachurischen Familie war, und in der Zachurei hatte ich mir das Verwundern langsam abgewöhnt. Zu viel des Außerordentlichen hatte ich schon erfahren im fortschrittlichsten aller Länder! Nun hatte ich ein Kind vor mir, das nicht Straßenbahnschaffner, Taucher oder Millionär, nicht einmal so etwas Herrliches wie Teerkocher, sondern krank werden wollte. Es mußte mit dem zachurischen Fortschritt zusammenhängen.

Zalentins Vater lächelte selbstgefällig: Gewecktes Kind, was? Hat er von seinem Papa!

Ich lächelte höflich mit, obwohl ich nichts verstand. Er schien es mir anzusehen. Lieber Freund, sagte er, Sie sind aber schwer von Begriff! Krank ist doch das Beste, was man werden kann! Haben Sie denn nicht die Spruchbänder des zachurischen Sozialministeriums auf den Straßen gesehen? Sei mehr krank, und du bleibst gesund!

Mein Mann ist auch krank, sagte die Hausfrau stolz. Ich habe ihn durch ein Inserat im „Zachurischen Fauteuil" kennengelernt. „Perfekter Müdmann sucht altersversorgtes Mädchen nicht über Zwanzig zwecks Heirat", hatte er inseriert. Ich hätte ja auch einen wendigen Rheumatiker haben können.

Na na, sagte er.

Doch, beharrte sie. Sogar einen mit unaufhörlichen und ganz unerklärlichen Kopfschmerzen konnte ich kriegen. Der interessierte sich sehr für mich.

Er schien gekränkt. Jedenfalls, sagte er, bist du mit mir auch nicht schlecht gefahren. Ein tüchtiger Müdmann ist auch nicht zu verachten. Immer müd ist eine ganz schöne Krankheit, ärztlich sehr schwer bestimmbar. Ich bin immer müd, darauf kannst du bauen, bei mir ist es chronisch.

Rheuma ist das Beste, sagte sie. Unser Zalentinchen soll einmal zu einem erfahrenen Rheumatiker in die Lehre. Er soll Rheuma lernen.

Ehrlich gesagt, bemerkte ich, ich wüßte was Besseres!

Besseres? rief sie. Ich sage Ihnen, was ein solides Rheuma ist, das ist unverwüstlich, da kann auch der studierteste Medizinprofessor nicht helfen. Er kommt gar nicht dahinter!

Aber so eine Krankheit, sagte ich, ist doch der Ruin eines Mannes, der Schrecken und Untergang der Familie!

Der Familienvater schüttelte den Kopf: Heutzutage nicht mehr. Ich sehe schon, ich muß es Ihnen erläutern, als Ausländer sind Sie mit den zachurischen Verhältnissen doch nicht genügend vertraut. Früher war auch bei uns Krankheit gleichbedeutend mit Armut und Elend. Wie ungerecht! Es heißt doch krank feiern, und ist das etwa ein Feiern, wenn man ins Elend kommt? Dies bedachte unsere Regierung und schuf das Große Sozialkrankheitswirtschaftssicherungsverbesserungsgesetz. Seitdem ist das Krankfeiern nicht mehr eine bloße Redensart. Wenn ein Zachure erkrankt, bekommt er den gleichen Lohn, in einigen Fällen sogar mehr. Warum sollte er also nicht krankmachen oder vielmehr feiern? Die Regierung ermutigt ihn dazu! Ehedem war eine Prämie aufs Gesundsein gesetzt. Das ist veraltet, ein Fehler der Vergangenheit, und genau umgekehrt ist es richtig: Wir setzen die Prämie aufs Kranksein. Das ist sozial gedacht.

Dann ist also, fragte ich, das ganze zachurische Volk krank, wenn ich Sie recht verstehe?

So ziemlich, nickte er. Allerdings haben wir noch einige Unbelehrbare ...

Er verstummte und wartete ab, bis seine Frau, die in der Küche zu tun hatte, die Tür hinter sich schloß. Dann fuhr er fort:

Einige Hausfrauen, Freiberufler, Geschäftsleute, überhaupt Selbständige, die sich so in die Arbeit verbeißen, daß sie gar nicht zum Krankfeiern kommen. Sie sagen, daß sie „nicht krank werden dürfen“. Sie bringen tatsächlich kaum eine kleine Grippe zustande. Mit Gesundheit geschlagene Reaktionäre. Richtige Banausen!

Die Erklärung schien ihn erschöpft zu haben. Seine chronische Müdigkeit machte sich wieder bemerkbar. Für die Mehrzahl des Volkes, fügte er gähnend hinzu, ist die soziale Frage gelöst. Wir halten die Hand auf, und fertig.

10. GESCHICHTE

Berichtet von einem artigen Wettbewerb im Lügen, welcher von einem Zachuren mit der tollsten Lüge der Welt gewonnen wurde

Der Milliardär von Zaptera ließ in allen Ländern bekanntgeben, daß er ein Preisausschreiben veranstalte. Wer ihm die verlogenste Geschichte von der ganzen Welt erzähle, dem werde er einen Doppelzentner Gold geben.

Da ich mich gerade in der Zachurei aufhielt, beschloß ich, teilzunehmen. Ich dachte mir eine Lügengeschichte aus und fuhr nach Zaptera.

Von überallher kamen die Lügner und tischten ihren Schwindel auf. Der erste behauptete, er habe einen Ring aus dem Meere heraufgeholt, den der Großtürke vom Mohrenland vor tausend Jahren hineingeworfen habe. Der zweite beteuerte, er habe seine dreißigtausend Bücher viele Male verliehen, und es fehle kein einziges Stück. Der dritte wollte einen Wahrsager kennen, der immer die Wahrheit gesagt habe. Ich erzählte, ich habe Kirschwasser von einem Kirschbaum getrunken, den mein Bruder erst eine Stunde vorher gepflanzt habe.

Alle diese Lügen machten auf den Milliardär von Zaptera keinen Eindruck. Ist noch jemand da? fragte er schläfrig.

Es meldete sich ein unscheinbarer kleiner Mann, ein Zachure, und erzählte die folgende Geschichte:

„Als es elektrische Erbsenzähler noch nicht gab, lebte einmal ein König, der hatte sich in den Kopf gesetzt, alle seine Erbsen zählen zu lassen. Er ließ einen Beamten kommen und sagte: Höre, meine Erbsen müssen gezählt werden!

Dann muß ich eine Dienststelle einrichten, Herr König, sagte der Beamte.

Richte eine Dienststelle ein, erwiderte der König, und zähle die Erbsen!

Der Beamte machte sich sofort an die Arbeit. Er stellte dreißig weitere Beamte an und teilte sie ein in erste Erbsenzähler, zweite Erbsenzähler, Zählkontrolleure, Verwalter für gezählte, in Zählung befindliche und noch zu zählende Erbsen und Erbsenzählmaterialaufsichtsbeamte. Jede Abteilung unterstand einem Referenten, der ihm von Zeit zu Zeit Bericht erstatten mußte. Er selber kaufte sich vom ersten Gehalt eine Strickweste und eine Brille und machte sich zum Obererbsenrat.

Nach der Dienstvorschrift Erbsen wurde jede Erbse mit einem Laufzettel versehen, der Nummer, Stunde und Minute der Zählung sowie Stempel und Unterschrift des verantwortlichen Beamten trug.

So durchlief sie die Büros der ersten und zweiten Zähler und der Kontrolleure und wurde schließlich in der Registratur verbucht. Die Verwalter für gezählte, noch zu zählende und in Zählung befindliche Erbsen wachten darüber, daß sie die nötigen Einnahme- und Ausgabebescheinigungen richtig erhielten, und die Referenten nahmen die schriftlichen Meldungen ihrer Abteilungen entgegen, aus denen die Erbsenhauptberichte zusammengestellt wurden, die mit der Unterschrift ‚Der Obererbsenrat' versehen waren.

So hatten die Beamten alle Hände voll zu tun, Aktenschränke und Kartotheken füllten sich, weibliche Angestellte hefteten Schriftstücke ab, Schreibmaschinen klapperten, Botenjungen liefen hin und her, und die Lohnbuchhaltung zählte Geld. Die Beamten und Angestellten saßen im geheizten Büro, hatten eine ziemlich leichte Arbeit, und in den Dienstpausen tranken sie aus einer Thermosflasche. Was wollten sie mehr? Sie wären glücklich gewesen, wenn das Amt für Erbsenzählung ihnen eine Lebensstellung hätte bieten können. Aber das ging leider nicht, denn man kann so schnell oder so langsam zählen, wie man will, einmal sind alle Erbsen gezählt."

Hier unterbrach der Milliardär, der nur mit Mühe seinen Schlaf zurückhielt, die Erzählung und sagte: Mach es kürzer, ich bitte dich!

„Noch einen Augenblick Geduld, ich bin gleich fertig", sagte der kleine Mann. Er kümmerte sich nicht um das mitleidige Grinsen der Gäste, die das Erbsenzählen für die elendste aller Lügen zu halten schienen, und fuhr fort:

„Eines Tages rief der Obererbsenrat seine Beamten zusammen und sagte: Liebe Kollegen, ich habe soeben die letzte Meldung bekommen, alle Erbsen sind gezählt, ich muß nur noch die letzten addieren, dann will ich dem König Bericht erstatten. Was unser persönliches

Schicksal betrifft, so müssen wir uns eine andere Arbeit suchen, wir lösen die Dienststelle auf.

Ja, sagten alle, die Erbsen sind gezählt, wir lösen die Dienststelle auf!

Und so geschah es auch."

Da brach der Milliardär von Zaptera in ein solches Gelächter aus, daß er unter den Tisch rutschte. Dort blieb er liegen und lachte weiter. Endlich hatte er sich etwas erholt, kam wieder hervor und schrie mit Tränen in den Augen: Das ist doch die tollste Lüge von der Welt! Ich bin Zachure und muß es wissen. Nein, alles hat seine Grenzen, Lügen und Lügen ist zweierlei, aber wie sagtest du? Eine Dienststelle, die sich selber auflöst? Nichts ist unmöglich, aber dies . . .

Zohan, rief er laut, her mit dem Doppelzentner Gold! Gib ihm den Sack, er hat ihn verdient!

11. GESCHICHTE

Von dem staunenswerten und überaus wunderbaren Aufstieg eines Komponisten sowie von der beispiellosen, unerhörten, nie dagewesenen und höchst wirksamen Musik, die er machte

Der Kellner trat an meinen Tisch und flüsterte diskret: Drüben an der Säule sitzt der große Zupp!

Ich hatte von Zupp gehört. Die Zachuren verehrten ihn als ihren größten Komponisten. Es hieß, er sei ein geborener Deutscher. Ich warf einen Blick hinüber und erkannte ihn sofort — einen meiner Mitschüler! Zwar hatte ich ihn zwanzig Jahre nicht gesehen, aber es konnte kein Zweifel sein.

Ich ging hin und lachte: Jupp! Er stand auf: Mensch, was für eine Überraschung! Wir schüttelten uns die Hände und bestellten eine Flasche Wein.

Jetzt heiße ich Zupp, sagte er, ich habe mich umbenannt. Übrigens bin ich Zachure geworden.

Es gab so viel zu erzählen, daß wir uns erst um Mitternacht trennten. Die Schulerinnerungen begleiteten mich auf dem Weg in mein Hotel, und ich sah alles wieder vor mir, die Aula, wo wir sangen, und den Oberlehrer Becker, der uns dirigierte . . .

Oberlehrer Becker stellte die Kalkeimer auf das Pult. Dort waren sie in Sicherheit. Wiederholt waren sie nämlich beim Dirigieren davongeflogen. Unter den Kalkeimern verstanden wir seine steifen Manschetten.

Inzwischen hatten wir, der Chor, uns auf dem Podium der Aula versammelt und die vorgeschriebene musikalische Aufstellung genommen. Becker klopfte mit dem Taktstöckchen auf die Pultkante und hob die Arme, und es ertönte das Lied: Der Frühling naht mit Brausen!

Es brauste stürmisch und flott bis zu der Stelle, wo es heißt: Erwach, erwach! Das mußte ehern klingen, gewissermaßen mit dem Hammer auf die Glocke geschlagen werden, und selbst Kaiser Rotbart wurde wach.

Als nächstes folgte das Lied vom Barden. Ein Barde war ein Sänger, ein altdeutscher mit langem Bart. Nun war er gestorben, sein Lied für immer verstummt, und wir standen an seinem Grabe und sangen, daß er es gewesen sei, dessen Wort uns mit Macht zu höheren Welten fortgezogen habe. Die Macht und das Fortziehen dröhnten wir mit germanischer Urgewalt. Hieß es aber: Wenn bald wie Bergstrom brauste sein Gesang, so hatten wir im Crescendo zu tosen wie Wotans Motorrad, und ein Bergstrom war eine Wasserleitung dagegen.

Plötzlich Stille! Beckers Arme hörten auf zu wuchten, das Gewalttätige verschwand von seinem Gesicht und machte einem gezuckerten Ausdruck Platz, und sein Mund lächelte baldurhaft. Denn es kam die Stelle: Bald wie der Quelle sanftes Rieseln klang, und wir säuselten lieblich und fein, wobei wir statt Quelle „Quölle“ hauchten, weil es noch lieblicher tönte. So hatten wir es von Becker gelernt.

An all diesen Freuden nahm der Schüler Jupp nicht

teil. Becker hatte ihn verjagt aus dem Paradies der Töne. Denn Jupp war unmusikalisch.

Bei ihm handelte es sich jedoch nicht um die gängige Sorte von Unmusikalität. Das Unmusikalische tritt bekanntlich in Abstufungen auf. Der eine singt gelegentlich mal daneben, ein anderer bringt ganze Stellen richtig heraus, bloß in der falschen Tonart, ein dritter moduliert ständig und grundlos von einer Tonart in die andere, ein vierter wird sofort unsicher, wenn noch jemand mitsingt. Jupps Gesang aber ließ all diese Abweichungen weit hinter sich. Er brachte es fertig, von zwei Tönen drei falsch zu singen.

In einem guten Kartoffelsalat steckte mehr Musik als in Jupp.

Einen solchen Menschen konnte Becker in seinem Chor nicht brauchen, und Jupp war für alle Zeiten vom Chorsingen befreit. Zuerst hatte Becker ihm nicht ganz getraut, denn er hatte seine Erfahrungen. Es gab viele Schüler, die Unmusikalität vortäuschten, weil sie Tätigkeiten wußten, die interessanter waren als Chorsingen. Jupp wurde wiederholt einzeln geprüft, und er sang bereitwillig und schallend. Dieser Gesang trieb dem Oberlehrer Tränen in die Augen, sein roter Schnurrbart sträubte sich, und sein Gesicht zeigte den Ausdruck eines Kleinkindes, das seine ersten Mohrrüben essen soll.

Er beherrschte sich jedoch und versuchte ein übriges. Jupp, sagte er, Sie hören sich doch selber singen, nicht wahr?

Ja! bestätigte Jupp freudig. Er hörte sich gern singen.

Und singen Sie richtig?

Ja!

Becker schlug auf dem Flügel das C an.

Singen Sie das nach!

Jupp sang fis. Becker fragte: Haben Sie den Ton richtig getroffen?

Ja, sagte Jupp mit Überzeugung.

Oberlehrer Becker gab es auf. Er erkannte, daß Jupps Unmusikalität echt war, und verzichtete auf diese Stimme.

Das war nun alles mehr als zwanzig Jahre her. Von Becker hatte ich seitdem nichts mehr gehört. Jupp aber war inzwischen ein brühmter Komponist bei den Zachuren.

Ich kaufte mir einige Schallplatten und kann daher Näheres mitteilen über seine Kunst. Jupps Musik ist weder mit unserem damaligen Chorgesang noch mit Bach oder Mozart zu vergleichen, auch erinnert sie nicht an Wagner, nicht einmal an arabische Musik, überhaupt an nichts Bekanntes. Sie erinnert nur an Jupp. Wenn diese Musik erklingt, geht der Ofen aus, die Uhr bleibt stehen, und die Äpfel fangen an zu faulen.

Seine neueste Sinfonie hörte ich im Radio. Genauer gesagt, ich stellte die Sendung ein und verließ das Zimmer. Als ich zurückkam, waren alle Fliegen tot von der Wand gefallen. Ein äußerst kühnes Musikwerk, ein radikales Insektenvertilgungsmittel.

12. GESCHICHTE

Enthält alles, was der Leser darin finden wird, wenn er sich der Mühe unterzieht, sie zu lesen. Danach ist er so schlau wie vorher

Unbefugten ist der Zutritt verboten, steht am Tor der Zachurischen Wasserstoffbombenfabrik, das kann man sich wohl denken, und die Zachuren brauchen gar nicht lang zu fragen, wer gemeint ist, gemeint sind sie alle, die ganze Zachurenheit. Und wie sie unbefugt sind! So ungeheuer unbefugt, daß es schon zum Lachen ist, wie sie da vor dem Fabriktor stehen mit ihrem unbefugten Gesichtsausdruck.

Nun aber ist es einem von ihnen gelungen, in die Wasserstoffbombenfabrik hineinzukommen, einem einzigen, einem Journalisten. Bravo, Zimmy, du bist ein Teufelskerl, wie hast du das geschafft? Ja, sagt Zimmy, ich war drin, jetzt kann ich euch was erzählen, ihr werdet Augen machen wie Bombenkrater. Lest nur meinen Bericht!

Ich habe ihn auch gelesen. Nun paßt auf, was darinstand, ich will versuchen, es zusammenzufassen:

Also sie wandeln da in der Fabrik Elemente künstlich um. Wodurch? Durch Kernspaltung, versteht ihr. Haha, das ist keine Kleinigkeit, es kommt aber noch besser.

Nicht bloß durch Spaltung setzen sie Kernenergie frei, sondern auch durch Verschmelzung! Schaut nicht so unbefugt, gebt acht: Da werden nicht etwa schwerere Elemente zu leichteren abgebaut, wie mancher von euch vielleicht denkt, sondern leichtere werden aufgebaut zu schwereren. Kommt ihr mit? Macht nichts, ihr müßt euch nur das Freiwerden merken, auf das Freiwerden kommt es an. Die Energie wird eben frei, basta. Im übrigen, die erste Wasserstoffbombe hieß Zike, und dieser Zike machte aus einer Insel ein Loch. Ja, das war einmal eine schöne Insel im Ozean, und jetzt ist sie bloß noch ein Loch. Das hat also Zike getan. Zimmy hat nebenher ausgerechnet, wic oft man das zachurische Verteidigungsministerium in das Loch stellen kann. Was das Verteidigungsministerium in dem Loch soll, noch dazu vierzehnmal, das weiß ich nicht. Aber weiter, beachtet gefälligst die Neutronen! Das sind auch ganz erstaunliche Bürschchen, mit 45 Millionen Sachen in der Stunde kommen sie angeschossen. Das ist natürlich viel zu schnell. Sehr ungünstig, diese Geschwindigkeit! Man muß sie daher bremsen. Wie bremsen wir sie? Wir bremsen sie mit schwerem Wasser, gleich gehen sie herunter auf 43 Millionen oder so. Wenn alles fertig ist, wird das Uran gereinigt, und es fällt auch ein bißchen Plutonium ab. Das ist erfreulich, Plutonium kann man immer brauchen.

Habt ihr es verstanden? Ich auch nicht. Bei meiner Ehre, wenn ich mehr von dem Ganzen verstanden habe als nichts, will ich Zike heißen und schweres Wasser trinken!

Zimmy, hast du es denn verstanden?

Das nicht, sagt Zimmy, ich habe nur darüber geschrieben, das geht ganz gut.

Macht nichts, Zimmy. Was, mein unbefugter Bruder, hätten wir auch davon, wenn wir die Bombe so gut verstehen könnten wie eine Keule und in Kernspaltung eine Eins bekämen? Gar nichts hätten wir davon. Ich habe einmal im Museum für Frühgeschichte das Skelett eines keltischen Helden gesehen. Dieser Jüngling hatte die Wirkungsweise der Keule zweifellos genau verstanden, aber es hatte ihm nichts genützt. Das Skelett war sehr gut erhalten, nur im Schädel war ein Loch, das eine feindliche Keule hineingeschlagen hatte.

13. GESCHICHTE

Handelt von einer umwälzenden Erfindung. Synthetisch erzählt in einer großen und ruhmreichen Zeitschrift, welche des zachurischen Geistes würdig ist

„Extract" ist eine handliche Zeitschrift, die sich bei den Zachuren so großer Beliebtheit erfreut, daß sie fast in jedem Hause zu finden ist. Sie ist belehrend und unterhaltend und bietet eine ganze Menge fürs Geld. Die Redaktion arbeitet automatisch, das heißt, daß jede Zeile, die geschrieben wird, in ein Elektronengehirn hineingestopft wird, den sogenannten Künstlichen Redakteur, der jedem Beitrag die endgültige Fassung gibt. Da die Maschine, wie der Verlag versichert, ein Team von zweihundert der edelsten, gelehrtesten und modernsten Redakteure ersetzt, erhält man wirklich einen perfekten, fehlerfreien Leserstoff, angereichert mit Fortschritt und Optimismus, das Beste vom Besten.

„Extract" ist für die Unterrichtung und Meinungsbildung des zachurischen Volkes von solcher Bedeutung, daß ich hier einen Bericht daraus abdrucke, der für die Leistung dieser Zeitschrift typisch ist, nämlich

Zegon hat eine Idee

Zegon O'Shrewd war das elfte Kind eines armen Katzenzüchters irischer Abstammung.

Nach dem frühen Hungertode seines Vaters übernahm der junge Zegon die Katzenzucht. Sie war in einem zu ebener Erde gelegenen Raum des alten Hauses untergebracht, das fensterlos war — wie alle Bauten in damaliger Zeit. Und in diesem Raume hatte Zegon eine Idee.

Es fiel ihm auf, daß es draußen heller war als drinnen. Wenn er eine Katze auf die Straße setzte, konnte er sie viel besser erkennen.

Um die Zeit, als Zegon O'Shrewd diese Entdeckung machte, war er noch keine zwanzig Jahre alt.

Entschlossen brach er ein viereckiges Loch in die Wand. Ziegelsteine polterten zu Boden, und seine kränkliche, stets mißgestimmte Mutter, auf die der Kalkstaub fiel, rief weinerlich: Zegon, was machst du? Du läßt mir sofort den Unfug sein!

Sie ahnte nicht, was den Burschen bewegte. Er wollte ermitteln, ob das Tageslicht durch das Mauerloch ins Innere eindringen würde. Tatsächlich! Heller als jedes Lampenlicht flutete es durch die Öffnung.

Nun galt es, ein Material zu finden, das den Mauerdurchbruch abdichtete gegen die Witterung, ohne indessen das Licht am Eintritt zu hindern. Zuletzt erwies eine Glasscheibe sich als das Beste.

Das Fenster war erfunden! Der junge Mann nannte es nach Daniel O'Fenster, einem Oheim mütterlicherseits und edlen Manne, der seine letzten Zachunen für Zegons Versuche hergegeben hatte. Dann bot er es Zaps und Cie an.

Wenn die Erfindung, so schrieb er, nicht besser ist als

alles andere, was es auf dem Gebiete der Beleuchtung sonst noch gibt, brauchen Sie keine Zachune zu bezahlen!

Der große Zaps nahm an und gründete die Allgemeine Fenster-Aktiengesellschaft. Im vergangenen Jahr hat diese Gesellschaft drei und eine halbe Milliarde Fenster in alle Welt geliefert. Heute gibt es kaum noch ein fensterloses Land. An der Spitze der „Allgemeine Fenster“ steht Zegon O'Shrewd.

Seine Erfindung hat die Welt revolutioniert. Es wurde heller. Wirtschaft, Wissenschaft, Künste, Gesundheitspflege und gesellschaftliches Leben blühten auf, und die Menschen wurden besser in dem Licht, das Zegon O'Shrewd hereinließ.

14. GESCHICHTE

Sehr wichtiges und genußreiches Lehrstück, woraus die Sprache der Geister zu erlernen und zu ersehen, wie die schauderhafte Geschichte von der kalten Uhr entstand. Nebst vollständiger Wiedergabe derselben

Ja-pi-tu! Aku sepsep! Hobeida!

Verstehst du das? fragte ich den mir befreundeten Dichter Zant, in dessen Begleitung ich die Große Zachurische Kunstausstellung besuchte. Ist das Zachurisch?

Nein. Ich dachte, es wäre Deutsch!

Ein Wächter, der unsere Unterhaltung mit angehört hatte, trat kopfschüttelnd näher. Es ist, erklärte er, überhaupt keine lebendige oder tote Sprache. Gestern war eine Kommission von Gelehrten hier, die alle Sprachen verstehen, aber keiner konnte es übersetzen.

Zant, rief ich, dann weiß ich, was es ist. Es sind gar keine Bildtitel, es sind Zauberformeln! Wie geheimnisvoll! Diese Maler sind gar keine Maler, sondern Magier! Diese wunderbaren Männer verstehen die Sprache der Geister! Wahrhaftig, sie müssen im Besitz der hermetischen Weltgeheimnisse sein.

Nur so, nickte der Wächter, ist es zu erklären, daß sie, wie der Herr Ausstellungsmeister sagte, in der Lage sind, den Moment des Geronnenseins zu erkennen. Das kann nicht jeder.

Allerhand, staunte mein Freund. Vielleicht haben die den Spiegel Salomonis gefunden? Oder sie haben das Buch der Wahren Praktik geerbt!

In ein mittelalterliches Zauberbuch, sagte ich, habe ich einmal hineinsehen dürfen. Es gehörte einer alten Gräfin. Die Dame sammelte Schädel Ermordeter, in denen Moos wuchs, und solche Sachen, sie nahm auch Fuchszähne, die aber einem lebendigen Fuchs entnommen sein mußten, was keine Kleinigkeit gewesen sein kann. Zwei Zaubersprüche aus jenem Buch habe ich behalten: Sico alam aca! und: Seprenta dure priusquam Spimeindiridull! Mit den alten Zaubersprüchen konnte man, wie die Gräfin mir anvertraute, das Verborgene erfahren, Verbrecher fernhalten, Maden aus dem Käse locken und alles, sogar den obersten Luftgeist, beschwören, den Gebieter der Mitternacht. Dieser hörte besonders auf die folgenden Worte: O köstlicher Eckstein der Natur, Agina, Agelissa, Lutecerus, Rebedin, ich beschwöre und berufe dich durch die Kraft aller Kräfte, daß du nicht säumest!

Die neuen Zauberformeln, meinte Zant nachdenklich, sind wahrscheinlich zu etwas anderem nütze. Ich glaube nicht, daß sich damit auch nur eine Made aus dem Käse locken läßt.

Das wollen die zachurischen Maler oder Magier wohl auch nicht, vermutete ich. Wen wollen sie denn wohl beschwören mit ihren Zaubersprüchen und magischen Zeichen? Den Gebieter der Mitternacht kaum. Ich habe das Gefühl, daß sie die Leute beschwören wollen, o Publikum, Ja-pi-tu! Aku sepsep! und Hobeida!, ich beschwöre und berufe dich durch die Kraft aller Kräfte, daß du nicht säumest . . .

Ein geisterhafter Hauch wehte durch die Ausstellung, und die Besucher erschauerten. Einige Bilder hatten verständliche Titel, und die Zachuren sahen, daß auf dem Bild „Links Ocker“ tatsächlich links etwas Ocker war, wenn auch nicht viel. Ein Schlottern packte sie angesichts dieser Tatsache. Ein anderes Bild hieß „Tastobjekt Nummer 9“ und stellte ein von Schrotkugeln durchlöchertes Tuch dar. Ergriffen suchten die Zachuren nach den Tastobjekten 1 bis 8. Sie vermuteten, und das mit Recht, daß der Künstler auch diese angefertigt haben mußte, denn die Ausstellung hieß „Aktiv-Abstrakt“. So aktiv würde er wohl gewesen sein.

Du! sagte Zant, ich habe beschlossen, dem Beispiel dieser Magier nachzueifern. Was? Wenn man aktivabstrakt malen kann, müßte man doch auch aktiv-abstrakt schreiben können! Das müßte doch gehen! Ich will es gleich einmal versuchen.

Er dachte einen Augenblick nach und sprach dann das Folgende:

Die kalte Uhr

Immobilien flattern setzlich fremder Kontorkurbel multum. Es burks. Schmelcher schwand fessen Blättern: es Omnibus Kalmus! Huhu, malmte er drum graß zum kalten Tannenblech, schäffz 514 Uhr beste Strickmöbel kichte semper priusquam.

Na, was sagst du! rief er. Schon ganz schön geisterhaft für den Anfang, nicht?

Ausgezeichnet! lobte ich. Wirklich ganz vortrefflich!

Es hat mich übrigens gar nicht viel Mühe gekostet, sagte er. Du hast es ja gehört, die Sache dichtete sich ziemlich glatt, weil ich glücklicherweise den Moment des Geronnenseins gleich erkannte.

Inzwischen waren mir Bedenken gekommen, Nein, sagte ich, es geht doch nicht, für die „kalte Uhr" und weitere aktiv-abstrakte Werke, die du noch schaffen könntest, würdest du leider keine Leser finden. Was in der Malerei geht, geht in der Literatur noch lange nicht!

Wenn es mir aber gelingt, einen tüchtigen Erklärer zu finden? fragte er triumphierend. So machen wir das in der Zachurei! Einen studierten Mann, am besten mit Professortitel, der in der Lage ist, meine aktiv-abstrakten Werke zu deuten! Ich brenne darauf, ihn an die Arbeit zu stellen, damit die Öffentlichkeit erfährt, was ich mit der „kalten Uhr" eigentlich gemeint habe. Ich möchte es auch selber gerne wissen.

Wir verließen die Ausstellung, und ich wünschte ihm Glück zu seinem Vorhaben. Nicht lange danach erfuhr ich, daß er tatsächlich einen ganzen Packen aktiv-abstrakter Werke geschrieben und sehr bald auch einen Erklärer gefunden hatte. Diesem tiefer blickenden Literaturwissenschaftler gelang es, mit seinem Kennerauge das Dunkel wenigstens teilweise zu durchdringen und das Publikum aufzuklären über die rätselvolle Schönheit der neuen Zantschen Dichtungen, und Zant wurde mit Ehren aufgenommen in den Kreis der magischen Künstler.

15. GESCHICHTE

Erzählt von Maler Zeffers außerordentlicher, auf keine Weise zu übertreffender Kunst. Unglaubliches Kapitel, welches für erlogen gelten müßte, wenn die Wahrheitsliebe des Verfassers nicht über jeden Zweifel erhaben wäre. Speziell für feine Geister

Zants Erklärer war ein gewisser Professor Phla. Ich hatte das Glück, mit ihm persönlich zusammenzutreffen, und lernte einen Mann kennen, der nicht nur in der Literatur, sondern auch in der Malerei Bescheid wußte.

Sie waren also damals in der Kunstausstellung, sagte er. Was sagen Sie zu Zeffer?

Zeffer? Ich habe keine Bilder von ihm gesehen.

Aber sie hingen doch im Weißen Saal!

Im Weißen Saal war ich. Da hing doch nichts!

Nichts, haha, ihr guten Götter Zachuriens, er hat nichts gesehen! Entschuldigen Sie, wenn Sie Zeffers Bilder übersehen haben, können Sie aber kein feiner Geist sein!

Wieso? fragte ich.

Er ist doch einer unserer Größten! Sogar seinen Lehrer, den berühmten Meister Clops, hat er überflügelt. Es wird höchste Zeit, daß Sie etwas über Zeffer erfahren!

Und Phla gab mir aus seinem reichen Wissen einen ausführlichen Bericht, dem ich es verdanke, daß ich nun von Maler Zeffers außerordentlicher Kunst und wunderbarem Aufstieg erzählen kann; ich beginne mit der Zeit, als noch kein Zachure den Namen Zeffer kannte, und nenne die Geschichte

Das Feinste vom Feinen

Der Maler stand nachdenklich vor seinem neuesten Bild, ging ein paar Schritte zurück und wieder vor, wischte vorsichtig mit dem Mittelfinger über eine Bildstelle, kniff die Augen zusammen und versank in Gedanken. Was hatte Meister Clops gesagt? Ganz brav gemalt, hatte er gesagt, aber Sie müssen endlich loskommen von der Welt der Erscheinungen!

Der Maler gab sich auch wirklich alle Mühe, von der Welt der Erscheinungen loszukommen, und das gelang ihm in seinem nächsten Bild schon so gut, daß es in die Ausstellung kam. Leider wurde es aber verkehrt aufgehängt, es hing auf dem Kopf, und Zeffer beklagte sich darüber.

Der Meister hörte es mißbilligend. Über sich selber sollten Sie sich beklagen! tadelte er. Solange man noch sehen kann, was oben und unten ist, sind Sie von der Vollendung noch weit entfernt. Sie sind ein Abmaler! Wann werden Sie beginnen, hinter die Dinge zu sehen? Lösen Sie sich doch endlich von der Oberfläche!

Zeffer ging wieder ans Werk. Er sah tief in sich hinein und holte mit Anstrengung das Tiefste aus sich heraus. Sein neues Bild zeigte einen virtuos gemalten Strich, einen Strich mit Seele, nicht einmal er selbst hätte zu sagen vermocht, was alles in diesem Strich lag, und selbstverständlich machte es nichts aus, welche Seite oben und welche unten hing. Der große Meister war ziemlich zufrieden und brummte anerkennend, bis er bemerkte, daß das Bild einen soliden Rahmen hatte. Einen Rahmen rief er, lieber Himmel! Einen wackeren, viereckigen Rahmen, wahrhaftig, der Rahmen eines Biedermannes! Wann erlebe ich es, daß Sie die Welt bürgerlicher Konvention überwinden?

Der Maler überwand und benutzte keine Rahmen mehr. Der große Meister sah es mit Befriedigung. Dennoch aber gab es ihm jedesmal einen Stich, wenn er die Werke des Malers betrachtete. Denn dieser hatte immer noch die Gewohnheit, die Rückseiten zur Wand zu hängen. Aber mit der Zeit kam er auch davon ab, er strebte weiter, und fortan kehrten seine Bilder das Gesicht zur Wand.

So, sagte der Meister, nun fehlt Ihnen nur noch ein kleiner, aber entscheidender Schritt! Gehen Sie ihn ohne Zagen! Stoßen Sie vor in die Bereiche reiner Kunst!

Zeffer, der soweit gekommen war, sah noch tiefer in sich hinein als vorher, schonte sein Innenleben in keiner Weise und brachte das neueste seiner Werke zur Welt. Im Beisein des Meisters schlug er einen Nagel in die Wand, griff ins Leere und machte eine Bewegung, als ob er ein Bild aufhänge. Er trat zurück, warf einen prüfenden Blick auf die kahle Wand unter dem Nagel und sah den großen Meister erwartungsvoll an.

Es hängt nicht ganz günstig im Licht, sagte dieser, aber es übertrifft alles, was Sie bisher gemalt haben. Es ist wirklich meisterhaft!

Das Bild kam in die Ausstellung, und auch dort verhehlte der Meister sein Entzücken nicht, Er stand da, nickte lebhaft mit dem Kopf und zeigte tiefe Ergriffenheit. Die Leute drängten sich um den berühmten Mann und sahen seine Bewunderung. Sie stellten sich auf die Zehenspitzen, blickten aus runden Augen auf die Wand, nickten gleichfalls und konnten sich nicht losreißen.

Alle wollten das Meisterwerk sehen, und sie sahen es auch wirklich. Denn die Zachuren sind feine Geister.

16. GESCHICHTE

Vom großen Reichtum der Frau G. Rympel und von dem häßlichen und unwürdigen Streit, der in den Wohnräumen dieser Philanthropin entstand

Es tut mir wirklich leid, sagte der Portier, aber diesmals ist alles besetzt. In der ganzen Stadt werden Sie kein Hotelzimmer mehr finden. Wir haben augenblicklich sechs großzachurische Kongresse, mein Herr! Aber wenn Sie mit einem Privatzimmer vorliebnehmen wollen? Vielleicht hat Frau Rympel noch etwas frei.

Frau Rympel? fragte ich. Womöglich kenne ich die Dame! Ist es Frau G. Rympel, die ein eigenes Flugzeug hat und damit Weltreisen macht? Ich lernte sie im Frühjahr in Deutschland kennen. Aber nein, das ist ja ganz unmöglich, eine so reiche Dame vermietet gewiß keine Zimmer.

Doch, nickte er. Frau Kabinettsrätin G. Rympel, ganz richtig. Es ist gut, daß Sie sie schon kennen. Ich werde sie gleich einmal anrufen.

Er telephonierte. Es hat geklappt! sagte er dann. Sie hat augenblicklich allerdings Gäste in ihrem Landhaus vor der Stadt. Park, Swimming Pool, sehr vornehm! Frau Kabinettsrätin gibt dort häufig Gartenfeste. Aber sie wird gleich kommen, gehen Sie nur schon zu ihrer Wohnung. Ich gebe Ihnen die Adresse.

Nicht nötig, sagte ein kleiner älterer Herr, der neben mich getreten war. Gestatten, G. Rympel. Ich werde Sie hinbringen, wenn Sie erlauben.

Wir gingen. Ja, lächelte er, ich bin natürlich nicht bei ihrem Gartenfest dabei, mich kann sie da nicht brauchen, ich bin bloß ein kleiner Schreiber bei der Stadt. Im Hotel hatte ich gerade dienstlich zu tun.

Ihre Gattin, fragte ich, ist gewiß eine wohltätige Dame? Eine Menschenfreundin? Es interessiert mich, weshalb eine so reiche Frau sich mit Zimmervermieten abgibt.

Er lachte: Davon hat sie doch ihr Geld! Sie ist Budenwirtin von Beruf, und die Budenwirtinnen, müssen Sie wissen, kommen hierzulande gleich hinter den Großindustriellen. Aus einem Zimmer, lieber Herr, holt sie mehr Untermiete heraus, als die ganze Wohnung kostet. Menschenfreundin ist sie natürlich auch. Für die jungen Leute, die Zimmer suchen, muß ja was getan werden.

Ich hätte nie gedacht, staunte ich, daß Zimmervermieten ein so gutes Geschäft sein kann. Wie ist das nur möglich?

Durch das zachurische Altwohnungssozialwuchergesetz, erklärte er, das die Hauptmiete niedrig hält, die Untermiete jedoch nach oben nicht begrenzt, um einen wirtschaftlichen Anreiz zum Untervermieten zu geben. So ist den armen jungen Leuten geholfen. Die Studenten brauchen ja ein Dach über dem Kopf. Aber wir sind gleich da!

Kaiser-Zotto-Straße 83 war ein altes, aber gut in Ordnung gehaltenes Mietshaus in der soliden bürgerlichen Bauweise der Jahrhundertwende. Als wir vor der im dritten Stock liegenden Wohnung ankamen, empfing uns wüster Lärm. Aufgeregte Stimmen stritten gegeneinander. Herr Rympel warf mir einen verwunderten Blick zu und schloß auf.

Die Tür des ersten Zimmers stand offen, und wir bemerkten einen alten Mann in heftigem Wortwechsel mit einem exotisch aussehenden Ehepaar. Ich habe das Zimmer gestern gemietet, schrie der Alte, ich habe schon eine Nacht hier geschlafen! Wir, rief der Ehemann, haben gemietet schon vor Woche, haben nur gemacht fünf Tage Ausflug in Berge, aber gezahlt für jeden Tag, und jetzt sind wir wieder da. Zimmer gehört uns!

G. Rympel schüttelte den Kopf. So macht sie es immer! sagte er. Eigentlich gehört das Zimmer keinem von denen hier, sondern zwei Studenten, die jetzt Semesterferien haben und heimgefahren sind, aber die Miete weiterzahlen, um das Zimmer nicht zu verlieren. Kaum sind sie abgereist, vermietet sie es gleich an Touristen.

Von der Etagentür her rief eine mächtige Stimme: Was ist denn hier los? Es war Frau G. Rympel. Immer mit der Ruhe, sagte sie, ich habe noch ein paar alte Matratzen, haha! — sie lachte krähend — es wird sich für jeden ein Eckchen finden.

Für Sie auch! wandte sie sich an mich, indem sie mir die juwelenübersäte Hand reichte. Sie sollten eigentlich das Zimmer haben, ich dachte, der Greis da wäre schon wieder abgereist. Statt dessen sind die zwei obdachlosen Siamesen oder Chinesen auch schon wieder da!

Inzwischen hatten mehrere blasse Jünglinge vor ihren Türen Aufstellung genommen. Sie machten Verbeugungen und riefen: Guten Tag, Frau Kammerpräsidentin!

Morgen, Aftermieter! dankte Frau Rympel. Sie nahm mich am Arm: Kommen Sie, ich zeige Ihnen den ganzen Laden.

Es war eine Achtzimmerwohnung. Sie war mit Margarinekisten und Radiokartons möbliert. In einem Raum sah ich einen halben Küchenschrank, in einem anderen eine Bautür, die auf zwei Böcke gelegt war und als Arbeitstisch diente. Hundert Zachunen das Zimmer, erklärte Frau Rympel, Doppelzimmer zweihundert monatlich, Heizung natürlich extra. Die ganze Wohnung kostet achtzig. Gut, was?

G. Rympel wies auf eine Holzbank in der Küche. Mein Nachtquartier, sagte er trüb.

Halt du den Mund, Gustaph! sagte seine Frau. Was sehe ich, da steht ja noch das Geschirr herum. Heda, stud. phil., waschen Sie das mal ab.

Sie winkte einen der blassen jungen Männer herbei, der sogleich in die Küche eilte. Die anderen blieben aufmerksam an den geöffneten Türen stehen. Weitermachen! rief Frau G. Rympel, und sie zogen sich wieder in ihre Kammern zurück.

17. GESCHICHTE

Wie der zachurische Markenapfel weit vom Stamm auf wissenschaftliche Art gewonnen wird. Etwas für Kenner

In der Wirtschaft zum Automatischen Bären — die später in „Vollautomatischer Bär" umbenannt wurde — servierten sie mir zum Dessert einen Apfel von eigentümlichem Geschmack.

Der Apfel schmeckt so pikant, sagte ich zur Wirtin. Wie eine erfrorene Kartoffel mit Apothekenaroma!

Sie schien gekränkt. Das ist ein Zachurischer Vollapfel, mein Herr, sagte sie. Edelste Sorte, eine Zachune das Pfund!

Was regt der Fremdling sich auf? fragte einer der Einheimischen am Stammtisch. Die Runde hatte das Gespräch mit angehört, und ein anderer sagte: Der will wohl noch einen Apfel aus dem Paradies!

Sie lachten und begannen eine Unterhaltung über Äpfel, die für mich sehr lehrreich war, so daß ich ihr mit Interesse folgte.

Erinnert ihr euch der Zeiten, als man die Äpfel einfach vom Baum aß?

Tatsächlich. Man kann es sich kaum noch vorstellen. Abgepflückt, 'reingebissen und 'runtergeschluckt. Hahaha!

Die Bauersfrauen durften die Äpfel gleich vom Baum auf den Markt bringen. Ich sehe diese Marktfrauen noch vor mir, da standen sie auf dem Rathausplatz und verkauften die Äpfel, wie sie gewachsen waren.

Im besten Delikatessengeschäft war es ja nicht anders. Körbeweise Äpfel frisch vom Baum, grobeweg!

Eine tolle Barbarei. Tierische Mahlzeiten!

Vielleicht nicht gerade tierisch, aber die Leute aßen die Äpfel wirklich noch nach der Methode Noahs und Methusalems.

Aber einen Vorteil hatte die patriarchische Methode doch. Die Äpfel waren damals viel billiger.

Ist das ein Wunder? Man muß doch bedenken, was wir heutzutage alles anstellen mit dem Apfel, bevor wir ihn freigeben zu menschlichem Genuß. Wir leben ja schließlich im zwanzigsten Jahrhundert! Da kann nicht jeder Bauer einfach seine Äpfel pflücken und verkaufen. Er hat sie abzuliefern nach der Ordnung. Die Apfelsammelstellen geben sie weiter an die Apfelwirtschaftsverbände, wo die neuzeitliche Nahrungsmittelchemie sie auf industriellem Wege aufbereitet und veredelt. Dazu gehört vor allem die Regulierung des Wassergehaltes. Zuerst wird dem Apfel alles Wasser entzogen, und dann wird es ihm wieder zugesetzt. In der vorgeschriebenen Menge selbstverständlich.

Das ist aber noch nicht alles. Der Apfel muß auch entsäuert und entzuckert werden. Danach wird er wieder mit Säure und Zucker angereichert. Seine Zellulose muß ernährungsphysiologisch richtig umgewandelt werden. Die Aromastoffe werden entfernt und durch das chemisch reine Apfelaroma H2Co5K3 ersetzt. Schließlich wird die Frucht noch vitaminisiert.

Vergeßt nicht die Bestrahlung! Der Apfel wird ultraroten, infrakognakgelben, extrapersischgrünen und prima maulwurfsgrauen Strahlen ausgesetzt.

Ganz recht. So erhalten wir den wissenschaftlichen Apfel, bekömmlich, hygienisch und tafelfertig, in den vier Sorten Zachurischer Vollapfel, Zachurischer Edelapfel, Zachurischer Speiseapfel (7 Prozent reine Apfelsubstanz) und Zachurischer Tafelapfel (mit echtem Apfelgeschmack).

Und was das feinste ist, er schmeckt gar nicht mehr nach Apfel, kein bißchen. Und wie haben wir diesen Erfolg errungen? Nur durch die kluge und energische behördliche Lenkung! Das Bundesapfelgesetz und die Zweite Apfeldurchführungsverordnung sorgen für eine gleichbleibende Qualität.

Das setzt natürlich eine immense Kontrollarbeit voraus. Städtische Apfelkontrolleure, Kreisapfelinspektoren, Landesapfelprüfer und der Hauptbeauftragte des Bundesamtes für Apfelmarktordnung achten darauf, daß sämtlichen Vorschriften Genüge getan wird. So kann kein Apfelgeschmack sich einschleichen.

Also, und da halten die Leute sich noch auf über den Apfelpreis! Ja, so billig wie bei Adam und Eva können wir den Zachurischen Markenapfel nicht mehr verkaufen.

18. GESCHICHTE

Macht mit interessanten, hochbegabten, spaßhaften und fachkundigen Herren bekannt und beschreibt, wie sie den Film „Liebchen in Rosa" erdachten, welches ein tüchtiges Stück Arbeit war

Unmöglich, sagte der Produzent Nante Zenno Zmyz. Jetzt geht es leider nicht. Ich habe eine Besprechung.

Zant steckte das Filmmanuskript, das er der Gesellschaft vorschlagen wollte, wieder in die Tasche.

Wen haben Sie denn da? Einen ausländischen Freund? Kommen Sie doch beide mit herein, und hören Sie zu! Wird interessant sein für Sie. Haben Sie Lust?

So kam es, daß wir Zeugen einer zachurischen Filmbesprechung wurden.

Also, sagte der Produzent, wir machen den Film „Liebchen in Rosa"!

Hervorragend, sagte Zeginard Qoch, der Regisseur. Wer macht das Drehbuch?

Drehbuch, Drehbuch, bei so einem Titel! Der Film ist schon gemacht, Liebchen in Weiß war ein Erfolg, dann kam Liebchen in Grün, war auch ein Erfolg, dann Liebchen in Schwarz, und jetzt machen wir Liebchen in Rosa. Ist das ein Titel?

Glänzend! Aber etwas muß ja drin vorkommen. In dem Film!

Ach so. Selbstverständlich. Ich denke mir, daß am Anfang eine festliche Menge beim Abspielen getragener Volksweisen irgendwo entlangmarschiert, bis sie am Horizont verschwindet. Abendhimmel. Das hatten wir schon mal, Gesamteindruck lyrisch, innig. Ergreifend! Kommt immer an.

Es soll doch ein lustiger Film sein, warf Herr Qurd Qurd ein.

Selbstverständlich. Wir lassen die Leute ja auch naßspritzen von der Feuerwehr, später.

Großartig! schrie Herr Klaas te Back. Das hatten wir schon mal. Urkomisch, ein Lachschlager von sicherer Wirkung.

Und dann, sagte Herr Velten Knylch, hatten wir mal einen, der versteckte sich in einer Ritterrüstung. Können wir den nicht wieder hineinbringen?

Das ist gut, rief der große Zmyz anerkennend. Immer hinein!

Was soll denn noch hinein? überlegte Herr Karel van Kwatsch.

Liebe natürlich, sagte Herr Qoch, ein junges Paar. Sie küssen sich, das hatten wir schon mal. War sehr gut!

Und mitten im Kuß, fiel Herr Hay de Vitska ein, werden sie gestört. Aber weiter! Einmal hatten wir Kirchenmusik mit Glockenklang, das müßte auch hinein. Eine Seelenbombe!

Richtig, nickte Herr Zmyz. Kommt am Schluß! Da lassen wieder die festliche Menge vorbeimarschieren. Wuchtiger Gemütseffekt. Aber wie wäre es denn mit zwei Ehepaaren, die durcheinanderflirten?

Köstlich! lachte Herr van Kwatsch. Eine glänzende Idee. Wir hatten das schon mal, das Publikum raste, stürmischer Erfolg.

Ganz, sagte Hay de Vitska, genügt es noch nicht. Vielleicht lassen wir zwei alte Männer in Streit geraten?

Wunderbar, jubelte Herr Qurd. Einmal hatten wir auch zwei alte Männer, die sich zankten. Gut, gut!

Was soll denn die Hauptdarstellerin machen? fragte Zmyz. Wie denken Sie, meine Herren?

Tanzen, schlug Herr te Back vor, tanzen mit Kindern. Viele, viele Kinderchen, eia popeia, Ringel Ringel Rose. Übrigens hatten wir das schon mal, die Kinderchen kamen an.

Kamen kolossal an, bestätigte Herr Zmyz. Und damit hätten wir's wohl? Vielleicht noch einen, der vom Dach fällt?

Und einen, sagte Velten Knylch, der sich den Daumen klemmt beim Kofferzumachen. Sehr witzig, hatten wir schon mal. Dann noch einen, der auf einen Baum geflüchtet ist, unten sitzt der Löwe und bellt ihn an. Und einer, würde ich sagen, will sich setzen, aber der Stuhl ist weg. Das müßte auch noch hinein.

Hatten wir das nicht schon mal? grübelte Herr Qoch. Natürlich hatten wir es! Kam an, kam an!

Nante Zenno Zmyz stand auf. Ich danke Ihnen, meine Herren, sagte er. So wird es gemacht.

Es wurde so gemacht, und bereits nach einem Vierteljahr war der Film „Liebchen in Rosa" fertig. Ich sah ihn in einem Lichtspieltheater in Qaph.

19. GESCHICHTE

Schlaue Gedanken eines Kunstfreundes über die Automation der Kunst und die Notwendigkeit, sie allgemein einzuführen

Auf dem gepflegten Rasen des Öffentlichen Parks stand eine große, rätselhaft geformte Plastik. Ein Herr in den Fünfzigern betrachtete sie aufmerksam. Als ich mich zu ihm gesellte, deutete er mit seinem Spazierstock auf das Kunstwerk und sagte: Automatisch modelliert!

Wie bitte?

Meinen Sie nicht? Genau weiß ich es natürlich auch nicht. Jedenfalls wird es höchste Zeit, daß die Künstler mit der Automation anfangen!

Überlegen Sie doch selbst, sagte er. Ich bin Geschäftsmann. Wir rechnen elektrisch und waschen elektrisch. Verbuchen und Schweißen, Schreiben und Bohren, Übersetzen, Haareschneiden, Ordnen, Hobeln, Registrieren, Kombinieren, Kontrollieren, Fabrizieren — alles, alles geht elektrisch, oder sogar elektronisch. Alles automatisch! Die Künstler aber, was machen die? Man sehe sich das an! Der Maler pinselt Strich für Strich, der Bildhauer klopft auf den Meißel, der Komponist sitzt über dem Notenpapier und horcht in sich hinein, der Meister der Baukunst knobelt an einem Plan bis in die Nacht, und der Dichter, was treibt der? — er stützt wahrhaftig den Kopf in die Hand, er grübelt, er denkt! Hahaha!

Über diese Leute, fuhr er fort, kann man nur den Kopf schütteln. Sie machen alles ohne Apparat! Ist es da zu verwundern, daß sie zu nichts kommen? Natürlich geht es ihnen schlecht! Was für rückständige Betriebsmethoden! Das muß doch aufhören. Höchste Zeit, daß die Kunst elektrifiziert wird. Automation in die Kunst! Maschinenmäßig müssen die Künstler schaffen, ganz modern!

Ein listiges Lächeln überflog seine Züge, und leiser setzte er hinzu: Von einigen hat man ja den Eindruck, daß sie damit schon angefangen haben und es nur nicht verraten. Ganz geriebene Burschen! Sie sagen nichts, aber ihre Werke — Bilder und Musikstücke, aber auch Bauten und Gedichte — wirken schon sehr automatisch. Wahrscheinlich haben sie ihren Betrieb schon automatisiert!

20. GESCHICHTE

Berichtet wahrheitsgetreu von der glücklichen Entdeckung eines märchenhaften und unerschöpflichen Schatzes, den aber andere schon vorher gefunden hatten

Als ich das Kunstgespräch mit dem Kaufmann führte, war die wirtschaftliche Lage der zachurischen Künstler wirklich nicht rosig. Bald danach besserte sie sich jedoch auffallend.

Zachpoeta, die Vereinigung der zachurischen Schriftstellerverbände, hatte zu einem internationalen Schriftstellerkongreß nach Bad Zantikyra eingeladen, und ich fuhr selbstverständlich auch hin.

Unterwegs, in einem der eleganten Salonwagen des „Zachurischen Pfeiles", kam ich mit italienischen und Schweizer Kollegen ins Gespräch, und wir jammerten uns gegenseitig etwas vor, einig darüber, daß wir nicht nach Verdienst verdienten und uns immer mit den Krümeln begnügen mußten, die beim Tranchieren des Sozialproduktes abfielen.

Erstaunlich, grübelte Giacomo della Spiaggia, daß die zachurischen Kollegen uns diesen teuren Zug entgegengeschickt haben und überhaupt sämtliche Kosten übernehmen, die Hotelrechnungen und alles. Ob die das bezahlen können?

Vor dem Bahnhof von Zantikyra, wo wir vom Zachpoeta-Präsidenten empfangen wurden, standen in langer Reihe Autos der Spitzenklasse für uns bereit, für jeden eines, und der Präsident lud uns ein, die Wagen als unser Eigentum zu betrachten. Wir fuhren zum Hilton Zantikyra, wo jedem von uns ein aus drei Zimmern bestehendes Luxusappartement zur Verfügung stand.

Die festliche Eröffnungssitzung übergehe ich, da sie langweilig war wie alle Veranstaltungen dieser Art. Das Galasouper aber ist des Berichtens wert. Es gab Austern, Fasanensuppe, Pastetchen, Steinbutt, glasierten Schinken, Hühnerbrust mit Trüffeln, Hummerkrone in Aspik, Eispunsch, Rehrücken, Masthuhn, Gänseleberpastete, gefüllte Pilze ... unmöglich, das ganze Menu und die mancherlei erlesenen Weine aufzuzählen. Entweder, rief beim Mokka der Schweizer Kollege Dr. Bünzli aus, hat der zachurische Schriftstellerverein einen Schatz gefunden, oder in diesem Lande ist das Goldene Zeitalter der Dichtkunst wieder heraufgekommen!

Beides, lächelte der liebenswürdige, durch seine Lyrik bekannte Geschäftsführer Zambon. Wie das Goldene Zeitalter Roms vom Kaiser finanziert wurde, so finanziert uns der Staat. Der Schatz ist der Staat.

Wie geht das zu? fragten wir.

Sehr einfach, sagten die Herren. Wenn es einem von uns schlecht geht oder nicht gerade schlecht, aber auch nicht ganz nach Wunsch, kurz, wenn seine Umsätze höher sein könnten, und sie könnten ja immer höher sein, nicht wahr, dann ruft er den Staat um Hilfe.

Zum Beispiel, erläuterte Zambon, ein Schriftsteller

schreibt und schreibt, aber mit dem Absatz hapert es, er hat schon einen ganzen Waschkorb voll geschrieben, aber keiner will das Zeug, dann wendet er sich an den Staat. Waschkörbe voll Manuskripte sind ein beängstigendes Zeichen, dem der Staat nicht tatenlos zusehen kann. Oder einer hat keine Einfälle mehr, es träufelt nichts mehr auf ihn herab aus den rosa Wolken der Musen, was ist das? Dürre, geistesklimatische Ungunst, ein Fall von höherer Gewalt, und der Geschädigte ruft nach dem Staat. Einmal hatte ich mühevolle Wochen und viel Nervenkraft auf ein langes Gedicht verwendet, das so unverständlich war, daß nicht einmal die Sibylle es hätte deuten können, weswegen es von unserem obersten Literaturprofessor das höchste Lob erhielt, und dennoch wollte kein Mensch es drucken. Ich wandte mich an den Staat. Oder das Honorar ist zu niedrig . . . die Konkurrenz ausländischer Autoren ist zu stark . . . Sache des Staates! Er ist verantwortlich für die Aufrechterhaltung der literarischen Konjunktur, die kulturelle Prosperität und Vollbeschäftigung. Der Staat hilft immer. Dazu ist er ja da.

Wie hilft er denn? fragte ich.

Oh, auf verschiedene Art. Durch Drosselung oder Verteuerung der literarischen Importe, durch Subventionen und Stützung der Honorare, auch tritt er selbst als Engroskäufer von Dichtwerken auf, um die Manuskriptstapel abzutragen und dem Honorarverfall vorzubeugen.

Schön, sagte der immer kritische Dr. Bünzli, aber versündigen Sie sich nicht an der Freiheit? Fürchten Sie nicht, sich dem Staat auszuliefern wie die Gelehrten und

Dichter Roms dem Kaiser und am Ende, wenn Sie ihm die Verantwortung für Ihre Umsätze aufhalsen, im Protektionspäckchen den Dirigismus zu finden, der ihr Goldenes Zeitalter bald in ein Eisenblechernes verwandeln wird?

Freiheit hin, Freiheit her, rief der Präsident, man muß sehen, wo man bleibt. Geht es gut — gut! Geht es nicht so gut, dann muß der Staat herbei. Wozu haben wir ihn denn?

21. GESCHICHTE

Gibt Kenntnis von einem neuen und ungemein radikalen Abrüstungsplan, der aber von den Fachleuten als zu ungewöhnlich verworfen wurde

Unartige Jünglinge rüpelten zu Hunderten in der großen Hafenstadt Qaph herum, trieben Leute vor sich her, hielten Autos an und wippten sie, sperrten Straßen und dergleichen mehr. Die Polizei versuchte es zuerst mit Ermahnungen durch Lautsprecher, aber die Flegel wollten nicht hören und widersetzten sich frech. Da kam die Polizei mit Wasserwerfern, löschte ihnen die Hitze und brachte sie zur Vernunft. Abgekühlt und triefend ergriffen sie die Flucht, im Nu war der Krawall beendet, und die Stadt hatte wieder Ruhe.

Sehr gut, bravo! sagte der alte Rat Zantrop.

Der Blitzsieg der Polizei hat mich auf einen Gedanken gebracht, fuhr er fort, mir einen Plan eingegeben, der, wie ich hoffe, meinen Namen tragen und als Zantrop-Plan in die Geschichte eingehen wird.

Tatsächlich verfaßte er eine Denkschrift und sandte sie an die Regierung. Mir gab er von dem Dokument eine Kopie, so daß ich ihren Inhalt wörtlich mitteilen kann:

„Wasserwerfer, welch eine großartige Waffe! Atombomben, Wasserstoffbomben, Raketen? — weg mit dem Bruch aus des Teufels Wundertüte, in den Abfall mit dem nuklearen Schund! Was die Menschheit braucht, sind nicht H-Waffen, sondern H_2O-Waffen, Wasserwaffen! Damen und Herren, Exzellenzen: mein Plan zielt auf Sicherheit durch wirksame und kontrollierte Abrüstung aller Nichtwasserwaffen und Ausstattung der Streitmächte mit Wasserpistolen, Wassergewehren, Wasserwerfern und Wasserkanonen.

Dann werden wir dem nächsten Krawall auf höchster Ebene, bislang konventionell Weltkrieg genannt, ohne Furcht entgegensehen können. Sollten die Halbstarken der Weltpolitik sich ungebührlich benehmen, frech werden und einen Gipfelkrawall entfesseln, nun gut, dann heißt es eben Volk an die Wasserpistole, alle leichten und schweren Wasserwaffen marschieren auf, und alle Streitmächte werden furchtbar naß. Das macht nichts. In den Krawallberichten des Krawallministers wird man lesen, daß die heldenhafte vierte Division auf dem Trockenboden neuem Einsatz entgegentrocknet, und die Dienstjacke des von einem Streifschwall getroffenen Generals hängt auf der Leine. Noch etwas feucht, stürzt man sich dann wieder in die Schlacht, gebt Wasser!, und alles ist wieder naß. Das ist nicht schlimm. Bald werden die Streitmächte die Sache leid, tropfend und schlotternd laufen sie heim und machen, daß sie aufs Trockene kommen. Das ist sehr gut. Der Krieg fällt ins Wasser, und die Welt hat wieder Ruhe. Das ist ganz vortrefflich.

Was sagen Sie, Exzellenzen? Ist das ein Plan? Neminem laedere lautet der Schlachtruf der Wasserarmeen der

Zukunft: Niemandem schaden! Wie gefällt Ihnen das? Sie lachen, wie ich sehe. Sie meinen, ich mache Witze. Ich mache aber keine Witze, es ist mir ernst, ich versichere es ausdrücklich. Ich bin nie ernster gewesen."

So lautete Zantrops Memorandum. Selbstverständlich lehnte das Kabinett ab, und auch von den Abgeordneten des Zachurischen Bundestages tat niemand den Mund auf, um seinen Plan vorzubringen.

Sie fürchten, seufzte Zantrop, sich lächerlich zu machen.

Ich finde ihn eigentlich gar nicht so dumm, sagte ich.

In der Weltpolitik, sagte der Alte, wirkt die Vernunft immer lächerlich, ernst genommen wird da nur die Unvernunft.

In der ganzen Stadt sprach man vom Zantrop-Plan, denn die Regierung hatte nicht dichtgehalten, und der Rat selber machte auch kein Geheimnis daraus. Die Leute lachten, viele waren auch entrüstet.

Zantrop soll nur schweigen, riefen sie. So ein Blödsinn! Überhaupt ist er gar kein Zachure, sondern Sauromate. Sein verrückter Bombenplan ist noch unvergessen.

Was war denn damit? fragte ich.

Das wissen Sie nicht? Er war doch damals sauromatischer Kriegsminister, im Krieg zwischen Sauromatien und Makabrien.

So erfuhr ich von Rat Zantrops Kriegsministertätigkeit. Sie verdient aber ein eigenes Kapitel.

22. GESCHICHTE

In Fortsetzung der vorigen, enthaltend die welthistorische, mehr als geniale, ganz außerordentliche Tat des Kriegsministers Zantrop, welche des Gedächtnisses aller kommenden Geschlechter würdig ist

Täglich kamen die feindlichen Bomber und öffneten über der Hauptstadt Sauromatiens ihre Bombenschächte. Täglich starteten die eigenen Geschwader, um ihre Bombenlast über der Hauptstadt des Feindes abzuladen. Es war wie ein großes Handelsgeschäft des Todes, Export und Import von Sprengstoff en gros, ein Warenaustausch, der wie am Schnürchen klappte.

Indessen, man hätte noch weit mehr Bomben zum Feind transportieren können, wenn nur nicht die lange Anflugstrecke gewesen wäre. Kriegsminister Zantrop hatte einen Einfall. Eines Tages ließ er sich beim Ministerpräsidenten zum Vortrag melden. Wenn der Anmarschweg für unsere Bomber wegfiele, so begann er, ließen sich dann nicht mehr Bomben laden an Stelle des Betriebsstoffes?

Zweifellos, sagte der Ministerpräsident.

Und könnten die Maschinen dann nicht öfter aufsteigen, wodurch wiederum die Masse der auf den Feind abgeworfenen Bomben erhöht werden könnte?

Auch das, antwortete der Ministerpräsident, aber ich weiß nicht, worauf Sie hinaus wollen.

Sie werden es gleich sehen, sagte der Kriegsminister. Ist nicht das tägliche Gesamtgewicht der auf uns geworfenen Bomben des Feindes ungefähr das gleiche wie das unserer eigenen Bomben, mit denen wir den Feind bekämpfen?

So ziemlich, sagte der Ministerpräsident.

Gut. Und entspricht nicht die Qualität des vom Feinde verwendeten Sprengstoffes der Qualität unseres eigenen?

Soviel ich weiß, ja, antwortete der Ministerpräsident.

Dann schlage ich vor, fuhr der Kriegsminister fort, mit der makabresischen Regierung ein Abkommen zu treffen, das die lästigen Anmarschwege überflüssig machen wird, mit einem Wort, jeder wirft seine eigenen Bomben über seinen eigenen Städten ab, statt sie wie bisher mühsam und gefahrvoll durch die Luft bis ins feindliche Gebiet zu schleppen! Bombenlast, Art des Sprengstoffes und so weiter können vertraglich festgelegt werden.

Der Ministerpräsident sprang auf. Das ist eine Idee! rief er und schlug sich auf den Oberschenkel. Daß doch das Einfachste immer das Genialste ist! Sie sind ein großer Mann, Herr Kriegsminister, ich verleihe Ihnen den Eisernen Weckmann erster Klasse und das Recht, den Waffenrock aufgeknöpft zu tragen. Schließlich, wenn man Ihre Idee zu Ende denkt, was hindert uns, künftighin überhaupt unseren Bedarf an Vernichtung selbst zu decken, Selbstversorger in Zerstörung, völlig autark auch auf diesem Gebiet! Wozu durch ausländische Einfuhr heranholen, was man sich selbst besorgen kann?

Aber, unterbrach er sich, bleiben wir bei den Problemen des Tages. Ihr Vorschlag wird es mühelos ermöglichen, die Schuttmassen einer einzigen bombardierten Stadt von 800 000 Tonnen auf zwei Millionen und mehr zu erhöhen. Die Zahl der zerstörten Wohnungen nach einem Angriff wird von zehn- auf zwanzig-, was sage ich, auf dreißigtausend steigen. Welch ein Fortschritt!

Makabrien ging bereitwillig auf den Vorschlag ein. Die bevorstehende ungeahnte Vergrößerung der Zerstörungskapazität überzeugte den Feind. Kaum war das Abkommen unterzeichnet, wickelte sich alles ab wie ein bargeldloser Zahlungsverkehr. Diesseits wie jenseits der Grenze stiegen die Bomber auf, schwer beladen mit der tödlichen Last, um sie aus passender Höhe auf die eigenen Städte zu lösen. Die Reservetanks der Flugzeuge waren leer, nichts als Nutzlast füllte die Maschinen, und wenige Minuten nach dem Bombardement waren sie schon wieder zurück auf den Rollfeldern, zu neuer Ladung und neuem Aufstieg bereit.

Tief unter der Erde, in sicheren Bunkern, arbeiteten die beiderseitigen Kriegsministerien. Gewissenhaft verzeichneten sie die Gewichte der gelösten Bombenlast, um sie durch Funk an den Feind zu melden, der seinerseits wieder die von ihm drüben geleistete Arbeit herüberfunkte, die dann in den täglichen Kriegsberichten ihren Niederschlag fand. Totaler konnte der Krieg tatsächlich nicht geführt werden. Das neue Verfahren beschleunigte die Kriegführung und verkürzte die Kriegsdauer derart, daß schon wenige Monate nach Unterzeichnung des Abkommens der Krieg zu Ende war.

Es war nichts mehr zu tun, alles war kaputt.

23. GESCHICHTE

Umfassende Nachricht von der staatlichen Steuerung der Ladentüren nach wissenschaftlichem Verfahren. Vollkommene, für den feinen Verstand der Zachuren zeugende Lösung eines schweren Problems

In Paphlaph wollte ich Brötchen kaufen. Es war Freitag vormittag zehn Uhr, aber die Läden waren geschlossen. Ich erkundigte mich bei einer vorüberkommenden Hausfrau, wann die Geschäfte öffnen würden.

Heute überhaupt nicht, sagte sie. Heute sind die Läden zu.

Nicht alle, Zelma, sagte eine andere Hausfrau, die sich hinzugesellte. Ich komme gerade aus dem Salzheringsbasar, der hatte auf. Es sind sogar einige Brotläden geöffnet, aber nur zum Salmiakpastillenverkauf. Brot dürfen sie jetzt nicht abgeben, die Polizei paßt auf. Wenn Sie also Salmiakpastillen benötigen, fremder Herr?

Der Herr will Brot, Zottilie! sagte Zelma. Fahren Sie doch nach Brikindera, riet sie mir, das ist einige Kilometer weiter, da können Sie Brot bekommen, ich glaube wenigstens. Sie müssen nämlich wissen, in der Zachurei gelten für alle Städte und alle Branchen verschiedene Geschäftszeiten, die zudem ständig wechseln.

Wenn Sie bis morgen warten, sagte ihre Freundin, werden Sie wahrscheinlich auch in Paphlaph Brot erhalten.

Wahrscheinlich? fragte ich.

Ja, sicher ist es natürlich noch nicht, die Regierung muß es erst ausrechnen. Und jetzt müssen Sie uns entschuldigen, wir müssen zum Ladenschluß-Toto. Vorigesmal hatte ich elf Läden richtig, denken Sie! Hätte ich auch den zwölften richtig gehabt, hätte ich eine Million Zachunen bekommen, aber der muß natürlich schon um Mitternacht öffnen, und ich hatte auf drei Uhr früh getippt. So gab es nur neun Zachunen zwanzig.

Ich verabschiedete mich und grübelte über das Gehörte nach. Was hatten die Frauen gesagt? Die Regierung mußte es erst ausrechnen? Glücklicherweise hatte ich einen Freund im Wirtschaftsministerium, den Ministerialrat Myller-Phranz. Ich besuchte ihn und bat um Aufklärung. Was ist das für ein Durcheinander bei euch mit den Geschäftszeiten! sagte ich. Was für eine Unordnung!

Unordnung? Vorbildliche Ordnung willst du wohl sagen, feinste Organisation! Früher war es hier genauso wie in anderen Ländern, jeder Kaufmann machte auf und zu, wann er wollte. Zustände wie in Italien, sage ich dir! Das kann ein fortschrittliches Land wie die Zachurei sich nicht leisten. Wir haben endgültig aufgeräumt mit dem Chaos. Planmäßige Lenkung der Geschäftszeiten, mein Lieber. Bei uns wird jede Ladentür von oben gesteuert!

Aha. Wann steuert ihr denn morgen die Brotläden auf?

Das kann ich dir jetzt noch nicht sagen. Das weiß im Augenblick nicht einmal Professor Zakkelmann, der

Generalbevollmächtigte des Zentralen Zachurischen Ladentürensteuerungswesens, der auch den Lehrstuhl für Ladenschlußkunde an der hauptstädtischen Universität innehat. Du mußt abwarten, bis es im Radio kommt. Es wird täglich durchgegeben, immer nach den Wasserständen. Auf diese amtlichen Geschäftszeiten kannst du dich verlassen. Das heißt, wenn sie nicht wieder geändert werden, was ziemlich oft vorkommt, da wir stets die neueste Lage berücksichtigen, die Konstellation der Gestirne, den Pegel der Binnengewässer, Luftdruck, Luftfeuchtigkeit, Aktienkurse, Postzustellung und so weiter. All diese Komponenten werden in den Ladenschluß hineingearbeitet, damit niemand zu kurz kommt.

Großartig, staunte ich. Und wie habt ihr diesen Erfolg errungen?

Durch die Wissenschaft! In der Zachurei ist der Ladenschluß ein Gegenstand der wissenschaftlichen Forschung und Praxis. Komm mit, ich werde dir die Zentrale zeigen, wo ununterbrochen die Nachrichten eintreffen und ein Team von Spezialisten den neuesten Ladenschluß individuell für Orte und Geschäftszweige erarbeitet.

Wir fuhren zu einem Gebäude vor der Stadt, das auf dem Dach ein riesiges Himmelsfernrohr trug und bis ins dreißigste Stockwerk mit Telegraphen, Fernschreibern, Elektronenrechnern und Beamten angefüllt war. Es summte von Tätigkeit. Der Oberste der Mathematiker war gerade dabei, ein automatisch ermitteltes Teilergebnis zu überprüfen. Er schüttelte den Kopf und sagte: Unser Elektronenrechner „Bodo“ hat wieder Flüchtigkeitsfehler gemacht, ich muß es nachrechnen. Murmelnd fuhr er fort: a plus b minus Klammer auf ypsilon hoch drei mal Wurzel aus sieben Komma fünf eckige Klammer auf x hoch hunderteins eckige Klammer zu runde Klammer zu gleich Null — daher b hoch minus q plus Klammer auf eckige Klammer auf eckige Klammer zu runde Klammer zu — also Brotläden auf 11 Uhr 50, Brotläden zu 2 Uhr 10!

Falsch! rief Professor Zakkelmann, der soeben zur Tür hereinkam, Sie haben ja die Einsteinsche Komponente vergessen!

Richtig, rief der Oberste der Mathematiker aus, schlug sich vor die Stirn und fuhr fort: Da der Raum, wenn auch nur schwach gekrümmt, so doch als in sich geschlossen zu betrachten ist, ist die Welt räumlich endlich und doch ohne Grenzen, daher Ladenschluß 16 Uhr!

Gut, nickte Zakkelmann. Wenn nicht noch vom Weinbauverband andere Mostgewichte gemeldet werden.

Sie sehen, Freund des zachurischen Volkes, wandte er sich an mich, wir haben es endlich dahin gebracht, daß über die Geschäftsöffnungszeiten allein noch die Wissenschaft Bescheid weiß, und die nicht immer. Es ist eben eine zu wichtige und schwierige Frage, die nicht dem ungeschulten Volke überlassen werden kann, unwissenschaftlich einkaufenden Hausfrauen und ebenso handelnden Ladenbesitzern.

Am Abend las ich im „Zachurischen Morgenstern und Flatternden Banner des Fortschritts“ einen Bericht über zachurische Geschäftsleute, die ihre Läden ein für allemal geschlossen hatten und das Geschäft nur noch durch die Hintertür abwickelten. Einige dieser Saboteure hatten unterirdische Gänge für die Kundschaft bauen lassen. Aber das Gesetz, so hieß es, werde die Gewölbe dieser Schädlinge schon noch ausheben.

24. GESCHICHTE

Woraus zu erfahren, bis zu welcher Vollendung ZACHUREISEN, Amtl. Zach. Reisebüro, die touristische Technik entwickelt hat. Einem Touristen nacherzählt

Im Schnellzug Zems-Zaptera, machte ich eine interessante Reisebekanntschaft. Es war ein Zemser Advokat, der ein tüchtiges Stück Welt gesehen hatte.

Sie sind Europäer, sagte er, das sehe ich gleich. Ich kenne Ihre Heimat! Bin schon zweimal drüben gewesen. Das erstemal besichtigten wir in einer Dreitagereise Neapel, Pompeji, Sorrent, Amalfi und die Insel Capri — nicht viel. Damals, lachte er, nannte man das „eine unvergeßliche Fahrt rund um den märchenhaften Golf von Neapel".

Ich erwähne es, fuhr er fort, nur um der Kuriosität und des Vergleichs willen. Im vorigen Jahr war ich wieder in Europa, mit ZACHUREISEN, das war eine andere Sache. Schon im Rundfahrtprospekt „Alt-Europa in drei Tagen" hieß es, diese Luxus-Fensterschau enthülle unter kundiger Führung den Zauber von Europa und Umgebung in einer wundervollen Kombination von Kunst, Naturschönheiten und Altertümern. Ich fand das Angebot vorteilhaft und brauchte meine Teilnahme an der Tour wirklich nicht zu bereuen.

Um sieben Uhr morgens bestieg ich den De-Luxe-Aerobus, der uns teils über Land, teils durch die Luft nach der altberühmten Stadt Marseille und weiter nach Madrid brachte, wo wir zwecks Besichtigung einzigartiger Kunstschätze und des Elektrizitätswerkes anhielten. Dann starteten wir wieder in Richtung Sevilla. Dort nahmen wir eine Erfrischung in einem typischen Lokal der Altstadt, wobei ein traditioneller Volkstanz vorgeführt wurde. Nach einem kurzen Abstecher nach Marokko und Tunis besuchten wir die dreieckig geformte Insel Sizilien, schon den alten Griechen bekannt, und das nahegelegene Neapel, eine der schönsten Städte der Welt, wo Volkslieder und Mandolinenmusik unser Ohr erfreuten, während wir Maccaroni aßen.

Gestärkt setzten wir unsere Reise fort nach der Ewigen Stadt Rom, wo wir die Nationalbank, das Colosseum und den Wasserturm besichtigten. In Athen endete der erste Tag der Tour. Nach Besichtigung der Akropolis und des städtischen Schlachthofes legten wir uns in einem erstklassigen Hotel zur Ruhe.

Nach dem Frühstück am zweiten Tag brachen wir nach Ägypten auf, wo wir eine lohnende Aussicht auf die Pyramiden genossen. Auf der Weiterreise nahmen wir Konstantinopel mit, eine erstklassige Stadt mit Leuchtturm, sehenswertem Panorama und der weltbekannten Kirche Hagia Sophia. Nach kurzem Aufenthalt reisten wir weiter über die Halbinsel Krim nach Budapest — auch eine der schönsten Städte der Welt. Die Donau entlang ging es nach Wien, wo wir stoppten, um bei Volksmusik das Mittagessen einzunehmen.

Am Nachmittag besichtigten wir Moskau mit Kunstschätzen und Ausstellungsgelände, Leningrad mit herrlichem Rundblick über den Ladogasee, die Insel Gotland und die schwedische Hauptstadt Stockholm, genannt das Venedig des Nordens. Bei Einbruch der Dämmerung erreichten wir Drontheim, wo nach einem erstklassigen Rundblick auf Polarkreis und Färöer Abendessen und Übernachtung in einem der besten Hotels stattfanden.

Der dritte Tag führte uns über Kopenhagen nach Berlin und Köln, von wo aus wir einen Abstecher nach Amsterdam, Brügge und Elberfeld machten. Nach Besichtigung der Schwebebahn reisten wir nach London, malerisch am Tower gelegen. Nach Besichtigung der Themse begaben wir uns in die Schweiz zwecks Besichtigung von Alpenglühen, Edelweiß, Tellsplatte und hohler Gasse.

Das Abendessen fand in einem erstklassigen Restaurant bei Alphornblasen statt. Den Nachtisch nahmen wir in Paris ein, wo eine Luxusrundfahrt „Paris bei Nacht“ mit Besichtigung angestrahlter Denkmäler und Besuch von vier Nachtlokalen sich anschloß, erstklassige Kabarettvorführungen sowie Champagner im Preis inbegriffen.

Damit endete der Europa-Ausflug. Diese Tour kann ich jedermann empfehlen. Eine Spitzenleistung, märchenhaft und unvergeßlich! Teilnehmer werden in ihren Hotels abgeholt. Abfahrt täglich ohne Voranmeldung.

25. GESCHICHTE

Handelt vom Blitzanzug. Lehrreiche Unterhaltung mit einem jungen Zachuren

Als in der Zachurei die Blitzanzüge modern wurden, kam ich mit einem der jungen Blitzanzugträger ins Gespräch. Ein Blitzanzug, das ist: ein Anzug aus einem Stück. Der Jüngling stak in diesem Futteral und lächelte zachurisch.

Ich verhehlte mein Erstaunen nicht und sagte: Sie laufen ja herum als ein lebendiger Widerspruch gegen den Zeitgeist! Die Zeichendeuter oder Erklärer sagen uns doch immer, dies sei eine auseinanderreißende, destruktive, zerstückelnde Zeit!

Was für ein Quatsch! grinste der junge Mann. Er war Student an der Technischen Hochschule von Akonit.

Aber erlauben Sie, sagte ich, die Erklärer sind doch die berufenen Deuter der Zeiterscheinungen! Wenn ich es recht verstehe, haben sie den Augurenblick, mit diesem betrachten sie beispielsweise ein modernes Porträt, und wenn es ein Auge auf der Brust hat, eine Hand aber ragt wie ein Ziertüchlein aus der Brusttasche heraus, dann rufen sie: Seht die Zeichen der Zeit, der Künstler mit seinem künstlerischen Feingefühl hat sie erfaßt, o diese zertrümmernde und auflösende Zeit!

Quatsch, wiederholte er. Dies ist ja eine zusammensetzende Zeit, das genaue Gegenteil! Zerstückeln wir, lösen wir auf? Wir suchen doch Schlips, Hemd, Hose und Schuhe zusammen und fügen es nahtlos aneinander, ausgehend von dem richtigen Gedanken, daß all das zusammengehört: vereint erst, fest verlötet, verleimt oder vermörtelt ergeben die Konstruktionsteile das komplette Ganze: den Anzug. An so einem Anzug ist alles dran, mein Herr!

Dann, fragte ich, darf man wohl vermuten, daß er auch Socken und Unterhose enthält, wahrscheinlich montiert nach Art von Zündkerzen, damit der Träger bei Bedarf neue Socken einbauen kann?

Selbstverständlich, nickte er. Alles dran! Sie wissen doch, das ist eines der beliebtesten Worte heutzutage, und mit Recht. Überlegen Sie doch: Unsere Photoapparate sind mit festen Belichtungsmessern ausgestattet, unsere Musiktruhen umschließen Radio, Platten und Schnaps, denn wenn man Musik hört, will man auch einen trinken. Zusammen, was zusammengehört! Alles dran ist auch an unseren Reisen: Essen, Trinken, Fahren, Schlafen und Belehrung, alles inbegriffen.

Er lachte. Reißen wir auseinander? O nein, wir reißen zu, ratsch, und wir sind drin im Blitzanzug, denn dieser hat einen Reißverschluß. Trennen, zersetzen und verstreuen wir? Wir fügen zusammen und bauen ein, wir kombinieren und komplettieren, wir sind konstruktiv und schaffen die Synthese. Kennen Sie Barbamusica, den zachurischen Rasierapparat? Ein Trockenrasierer mit festem Radio, denn beim Rasieren will man etwas hören! Fortschritt, fremder Herr! Wir haben auch das Mittagessen mit festem Teller, und sogar das Haus mit festen Möbeln, Teppichen und Blumenvasen ist verwirklicht in der Zachurei, die Heimstätte aus einem Stück. Das Rezept, nach dem wir all dies machen, ist das Kochfertige-Suppen-Rezept. Wir schaffen die Kochfertige-Suppen-Kultur!

Ich verstand. Wenn es so ist, überlegte ich, muß die Zerstückelungstheorie wirklich falsch sein. Dann muß man doch, bei allem schuldigen Respekt vor dem Urteil der Zeichendeuter, annehmen, daß sie sich hier geirrt haben. Nun, das kann ja vorkommen. Auch die antiken Auguren lasen manchmal das Falsche aus dem Vogelbauch. Entweder haben jene Künstler sich getäuscht in ihrem Feingefühl und die Zeit falsch gedeutet, und die Erklärer haben es nicht gemerkt. Oder die Künstler haben das Richtige gemeint und nicht zerstückelt, sondern im Gegenteil zusammengesetzt, wenn auch leider ganz verkehrt, so daß das Auge auf die Brust und die Hand ins Täschchen geriet, und dann haben die Erklärer sie nicht verstanden.

Die Montage, das Zusammenbauen ist der Zug der Zeit! rief der Jüngling. Und jetzt haben wir auch den Anzug der Zeit!

Eigentlich, meinte ich, keinen Anzug, sondern mehr eine Bereitschaftstasche. Ein bißchen unelegant, finden Sie nicht?

Eben sagte er, sehr praktisch! Ganz der Zeit entsprechend!

26. GESCHICHTE

Betrifft die zachurische Wirtschaft, besonders die Wirtschaft zum Vollautomatischen Bären, wo der Verfasser mit einer ausgezeichneten, raren und begehrenswerten Dame bekannt wurde

Als ich vor der Wirtschaft zum Vollautomatischen Bären ankam, war alles schwarz von Menschen. Über die Köpfe hinweg sah ich, wie einige sich auf die Schultern heben ließen, um einen Blick durch die Fenster werfen zu können. Andere formierten eine Schlange, die sich langsam in die Gaststube zwängte. Was ist denn hier los? fragte ich.

Das wissen Sie nicht? Es ist doch Autogrammstunde! Schließen Sie sich gefälligst hinten an!

Jemand wies auf ein luxuriöses Auto, das ich auf mindestens vierzigtausend Zachunen schätzte. Das ist ihr Wagen! Heute mittag ist sie eingetroffen.

Ich habe sie gesehen! schrie ein Schulmädchen.

Irgendein Filmstar wird es sein, dachte ich mir und ging durch einen Nebeneingang, der mir von früher her bekannt war, ins Haus. Willkommen! rief der Wirt, gehen Sie nur schon hinauf. Sie haben wieder Nummer elf.

Als ich die Zimmertür hinter mir schloß, fiel mein Blick auf ein großes Schild, das in drei Sprachen verkündete:

Gäst! Seid lieb und rücksichtsvoll zum verehrlichen Personal! Lest ihm jeden Wunsch von den Augen ab. Alles fürs Personal! Begegnet ihm mit der Achtung, die seinem Range gebührt. Seid artig und bescheiden. Das Personal hat immer Recht. Gäste, die durch unordentlichen Bettenbau und unhöfliches Betragen, insbesondere den kränkenden Ruf „Bedienung!", das Mißfallen der Herren und Damen Angestellten erregen, müssen das Haus unverzüglich verlassen. Zum Vollautomatischen Bären, die Direktion.

Ich packte meinen Koffer aus, machte mich frisch und ging hinunter. Was ist denn das für ein Filmstar, fragte ich den Wirt, der bei Ihnen Autogramme gibt?

Kein Filmstar, erklärte er. Preziosa! Wir sind so froh, daß wir sie haben. Dieses Glück! Sie ist so leutselig, spricht mit dem einfachsten Gast, gibt sogar Autogramme. Früher hieß sie übrigens Zenzi oder Waberl, ich weiß es nicht genau, aber sie hat sich umbenannt.

Meinen Glückwunsch, sagte ich, aber ich verstehe noch nicht recht. Wer ist denn diese Preziosa?

Der Wirt richtete sich auf. Unsere neue Schenkmaid! sagte er. Jawohl, mein Herr, wir haben eine neue Schenkmaid, zwei Jahre habe ich vergeblich danach gesucht. Sie ahnen ja nicht, was für ein Problem das ist im zachurischen Gaststätten- und Beherbergungsgewerbe, überhaupt im ganzen Dienstleistungsbereich. Kein Zimmermädchen, keine Waschfrau, keine Putzfrau, kein Dienstmädchen! Daran können Sie erkennen, wie weit wir Zachuren es gebracht haben. Sie müssen aber nicht traurig sein, ihr Ausländer bringt es auch noch dahin, seid ja schon auf dem Wege, nur mutig weiter fortgeschritten. Die Personalknappheit ist ja geradezu der Gradmesser des Fortschritts! Je blühender die Wirtschaft, je entwickelter die Technik, je größer der Wohlstand, um so weniger Personal, geschätzter Fremdling, bis es zum Schluß gar keines mehr gibt.

Wir aber, schloß er händereibend, haben jedenfalls Preziosa. Plötzlich erstarrte er und warf einen ängstlichen Blick zur Theke. Preziosa! flüsterte er.

Sie trat auf ihn zu. Was faselst du hier wieder herum, fragte sie streng. Gar keine Arbeit?

Der Wirt nahm Haltung an und fragte: Was befehlen Gnädige Frau?

In den Keller mit dir, ein neues Faß angestochen! Und dann in die Küche, Kartoffeln schälen, alter Depp!

Er ging. Preziosa schüttelte den Kopf und seufzte: Wenn man nicht immer dahinter her ist!

Sie wandte sich zu dem mannshohen Spiegel und betrachtete sich. Auch mein Blick ruhte wohlgefällig auf ihrer eleganten Erscheinung. Ihr Kleid mußte aus einem der ersten Pariser Modehäuser sein. Was wünschen Sie? warf sie mir über die Schulter zu.

Ein Glas Bier bitte, antwortete ich.

Sie wies mit dem Daumen zur Theke: Holen Sie sich eins. Selbstbedienung!

Aha. Das war das Automatische am Bären. Während ich an der Theke hantierte, kam der Wirt aus dem Keller zurück. Preziosa minima non curat! sagte er ehrerbietig.

Was ist das?

Lateinisch, mein Herr. Ihr Wahlspruch: Preziosa gibt sich mit Kleinigkeiten nicht ab.

Ich setzte mich wieder und bat um die Speisenkarte.

Laut erscholl Preziosas Gelächter. Ich höre immer Speisenkarte, schrie sie. Vom Hähnchen bis zum Kalbsbraten, was? Haha, schön lieb sein, dann gibt's auch etwas Warmes. Nudeln mit Tomatenmark!

Preziosa begab sich in die Küche, und ich hörte sie schimpfen: Was ist das für eine Wirtschaft in dieser Wirtschaft! Nach einiger Zeit brachte sie persönlich einen Teller abgekochte Nudeln und ein Döschen Tomatenmark. Dazu servierte sie einen zierlichen Büchsenöffner. Sehr aufmerksam!

Sie dachte wirklich an alles. Gepflegte Gastlichkeit!

27. GESCHICHTE

Wissenswertes aus der zachurischen Lebenskunst, insbesondere sehr schlaue Kniffe zur Meisterung des Schicksals

In der Bahnhofstraße von Zems trat ein Fremder auf mich zu, ergriff meine Hand, drückte sie kräftig und sagte: Guten Tag! Wie geht es Ihnen? Ich bin Zaldemar Qunze. Und wie heißen Sie? Freut mich, Sie kennenzulernen!

Ich war äußerst verblüfft, faßte mich aber so weit, daß ich antworten konnte: Was kann ich für Sie tun, Herr Qunze?

Nichts, nichts, sagte er, das war alles, guten Tag! Eilig ging er weiter. Ich sah ihm nach. Vor der Post trat er wieder auf jemanden zu und schüttelte ihm die Hand.

Der Vorfall blieb mir unerklärlich, bis ich die Bekanntschaft eines zachurischen Buches machte, das den Titel führte „Wie mache ich mich beliebt?“. Darin hieß es, Zob Phlader sei ein Meister in der Kunst, sich beliebt zu machen. Wie fing er es an? Er ging auf einen Unbekannten zu, reichte ihm die Hand und sagte: Guten Tag! Wie geht es ihnen? Ich bin Zob Phlader. Und wie heißen Sie? Freut mich, Sie kennenzulernen!

Weiter hieß es, daß sich auf dem Gesicht des Unbekannten ein glückliches Lächeln zeigte.

Dieses Buch mußte Qunze gelesen haben. Nun ging er durch die Stadt und machte sich beliebt.

Ich versenkte mich tiefer in das Buch. Es gehörte zu der Gattung jener Bücher, die in der Zachurei schon einen eigenen Namen bekommen hat. Sie heißen Wiemans: Wie man Modellschiffe baut, wie man glücklich wird, wie man seine Gäste bewirtet, wie man schnell zu Geld kommt, wie man fettere Kaninchen züchtet. Statt nutzloser Geschichten verbreiteten diese Bücher praktische Lebensklugheiten, Gebrauchsanweisungen fürs Leben. Sie sind sehr erfolgreich, einen Wieman schreiben und die ganze Auflage im Nu verkaufen ist eins, denn alle Zachuren streben nach Beliebtheit, Glück und fetteren Kaninchen.

Gleich zu Beginn wurde davor gewarnt, absichtlich nach Beliebtheit zu streben. Wer das tue, dessen Aussichten, wirklich beliebt zu werden, seien gering. Etwas später wurde erklärt, Beliebtheit könne man durch einige natürliche und leicht zu beherrschende Kniffe erreichen. Ich verstand. Es kam darauf an, ohne Absicht nach Beliebtheit zu streben, indem man die Kniffe ganz unabsichtlich anwendete.

Ein Kniff lautete: Seien Sie ein natürlicher Mensch, ein anderer: Bewahren Sie immer Ruhe, ein dritter: Seien Sie interessant, ein vierter: Sorgen Sie für ein reiches Innenleben!

Was für einfache Kniffe! Den Kniff, interessant zu sein, fand ich gut, aber auch der Kniff mit dem Innenleben schien mir beherzigenswert. Auch die anderen Kniffe waren sehr nützlich, zum Beispiel: Immer lustig! Der beste Kniff war vielleicht dieser: Werden Sie reich.

Richtig. Unfehlbar kommt man auf diese Art endlich zu Geld. Ich konnte nicht umhin, das Buch zu bewundern, und beschloß, es gelegentlich ins Deutsche zu übersetzen. Man muß es den Leuten einmal sagen. Was die Menschheit braucht, sind Kniffe, Rezepte zur Meisterung des Schicksals, Kochbücher des Glücks.

Ich erfuhr, daß Zaldemar Qunze in Zems schon außerordentlich beliebt war. Das verdankte er jenem Buch! Er war auf dem besten Wege, ein Mensch mit reichem Innenleben zu werden. Interessant war er schon.

28. GESCHICHTE

Spielt in einem anderen Land, darf aber gleichwohl in diesem Buch nicht fehlen. Besonders schmackhaftes Kapitel

In der italienischen Hafenstadt La Spezia aß ich täglich im Garten der Wirtschaft „Da Ugo“. Am Nebentisch bemerkte ich regelmäßig einen Herrn von fremdländischem Aussehen, der mir bekannt vorkam. Endlich hatte ich es: es war der zachurische Lebensmittelzusatzfabrikant Zabaces. In Akonit, Zachuriens prächtiger Hauptstadt, hatte ich Zabaces bei einem Festessen kennengelernt, dessen ich mich noch wohl erinnerte. Zuerst hatte es eine Kupferkraftbrühe mit DDT-Einlage gegeben, darauf ein Arsen-Pastetchen und Persulfat in Ammoniaksauce. Dies sind Speisen, die in der Zachurei täglich gegessen werden. Zur Feier des Tages wurden jedoch auch ein Kalibraten mit Bromatsalat, Diphenyl in Schwefeldampf und als kalte Süßspeise eine Buttergelbbombe aufgetischt. Es war ein gepflegtes Mahl; stellenweise schmeckte es allerdings nach Tomaten, Eiern, Fleisch und sogar nach echtem Mehl, aber nur ganz leicht. Es konnte sich höchstens um Spuren dieser Bestandteile handeln — die Zachurei ist ein modernes Land. Zum Essen tranken wir Borsäure und Benzoesäure.

Nun trank Zabaces den gelben Wein der Cinque Terre. Mehrmals mußte Gracia kommen und seine Karaffe von neuem füllen. Eines Tages sprach ich ihn an. Guten Tag, Herr Zabaces, sagte ich. Schmeckt es Ihnen in Italien?

Er sah mich aufmerksam an. Richtig, rief er, jetzt entsinne ich mich! Das ist aber nett, daß wir uns hier treffen. Ob es schmeckt? Und wie! Ich esse täglich hier.

Una volta da Ugo, sempre da Ugo, nickte ich.

Wie das hier schmeckt, wiederholte er, so kräftig und doch so fein! Woran das nur liegt? Die Italiener müssen eine hervorragende chemische Industrie haben! Gracia, rief er, komm einmal her, was habt ihr in diesem vortrefflichen Käse? Phosphate, he?

Gracia zuckte die Achseln. Nichts, Herr, sagte sie.

Signor Ugo möchte einmal kommen, bat Zabaces.

Hugo erschien. Jetzt, Meister, werden Sie uns Ihre Geheimnisse verraten! sagte sein zachurischer Gast. Ihr habt herrliches Brot — womit ist es so delikat gewürzt? Bromat? Persulfat? Kleine Prise DDT?

Nichts dergleichen, Signore, antwortete Hugo.

Nichts? Zabaces machte ungläubige Augen. Eure Kartoffeln, fuhr er fort, sind leckerer als unsere. Mit Kupferkalk abgeschmeckt? Oder mit was sonst? Was für synthetische Aromen setzen Sie Ihrem Eis zu? Womit haben Sie es so schön gefärbt?

Hugo schüttelte in stummer Verwunderung den Kopf.

Womit, fragte Zabaces weiter, präpariert ihr den Wein? Welche Chemikalien verfüttert ihr an Schweine und Hühner, damit sie fetter werden beziehungsweise mehr

Eier legen? Welche Emulgatoren, Signor Ugo, tun Sie in Ihre Mayonnaise, für die ich Ihnen übrigens ein besonderes Kompliment aussprechen muß?

Meine Mayonnaise, erklärte Hugo, enthält Eigelb und Olivenöl, weiter nichts. Wenn das Emulgatoren sind?

Olivenöl! rief der Gast. Habt ihr ihm die natürliche Fettsäure entzogen, damit es nicht ranzig wird?

Oh, Signore, sagte Hugo, bei uns wird das Öl nicht ranzig. Wir lassen ihm keine Zeit dazu. Wir verbrauchen sehr viel davon.

Sind ihre Früchte mit Diphenyl konserviert? Oder vielleicht mit Sodiumophenylphenaten?

Per Bacco, Herr, staunte der Wirt, das ist ein Wort, das man nicht einmal aussprechen kann!

Das können meine zachurischen Landsleute auch nicht, erwiderte Zacabes, aber essen können sie es. Er wandte sich kopfschüttelnd an mich: Die haben das alles noch nicht! Wie rückständig! Die essen ja noch wie die alten Römer!

Er war noch nicht zu Ende mit seinen Fragen: Was für künstliche Gewürze tun Sie in Saucen und Fleisch? — wobei ich vor allem an Ihre köstlichen Ravioli denke.

Meine Köche machen soeben Ravioli, sagte Hugo. Wenn die Herren zusehen wollen?

Wir begaben uns in die Küche, wo zwei junge Männer emsig hantierten. Sie hackten Fleisch und frische grüne Kräuter. Sie rollten lange dünne Teigbahnen aus, mischten die Füllung und verteilten sie mit flinken Händen in kleinen Portiönchen auf den Teig, den sie zerräderten und zu zierlichen Taschen formten. So sahen wir, daß die Ravioli, die man bei Ugo aß, in seiner Küche nicht nur gekocht, sondern auch gemacht worden waren — kurz bevor sie auf den Tisch kamen.

Als wir die Küche verließen, nickte Zabaces mehrmals vor sich hin.

Wir ließen uns einen Kaffee bringen. Ja, sagte er mit einem leichten Seufzer, morgen muß ich übrigens wieder zurück nach Akonit. Aber vielleicht sehen wir uns bald wieder in Italien?

Sind Sie denn öfter hier?

Zwei Monate jedes Jahr. Ich liebe Italien.

Und warum?

Er lächelte. Hier sind die Leute noch so zurück, sagte er. So angenehm zurück.

29. GESCHICHTE

Wahrhaftige, erschütternde Nachricht von den Unfällen und Katastrophen, welche plötzlich über die Brikinderaner hereinbrachen. Sehr lustig zu lesen

Das war ein Freudentag, wie die große Stadt Brikindera ihn noch niemals gesehen hatte in ihrer tausendjährigen Geschichte.

Crescentia Kallipygos war nämlich zu Besuch gekommen, sie persönlich, und alles hatte sie mitgebracht, die Augen, das Lächeln, den Busen, der Tote aufwecken konnte, und das weltberühmte Hinterviertel.

Behörden, Geschäfte und Schulen schlossen, und alles eilte zum Einzug der Filmkünstlerin. Als sie endlich kam, fielen fünf junge Leute vor Begeisterung aus dem Fenster. Noch im Niederfallen riefen sie beseligt: „Zenzi, Zenzi!" Dies war der Kosename, den das Volk seiner geliebten Kallipygos gegeben hatte.

Die Stadt kochte in Ekstase. Man sah viele nackt herumlaufen, deren Kleider in dem allgemeinen Freudentaumel zerrissen worden waren. Mauern und Fenster wurden eingedrückt, Straßenbahnen fielen um, und zwei Fabrikschornsteine brachen ab.

Die Kallipygos sehen und dann sterben! rief ein Familienvater in Verzückung. Dann starb er. Er war nicht der einzige, der eines so schönen Todes verblich. Viele stürzten von Dächern und Bäumen. Zehn Greise erlitten vor freudiger Erregung einen Herzschlag. Von den Säuglingen, die aus dem Kinderwagen fielen, konnten einige gerettet werden.

Ärzte und Sanitäter hatten alle Hände voll zu tun. Tausende renkten sich die Arme aus, ebenso viele die Halswirbel. Viertausend Brikinderaner verfielen in Raserei und mußten in die städtischen Nervenheilanstalten gebracht werden. Unzählige wurden taub vom Tosen der Begeisterung, was jedoch nichts ausmachte, weil die meisten ohnehin heiser geworden waren vom Jubelrufen und kein Wort mehr herausbrachten.

Kurz, es war ein unbeschreibliches Freudenfest. Ich weilte zufällig in Brikindara und habe es miterlebt. Der Triumph der Zenzi Kallipygos konnte nur noch mit den Triumphen der römischen Caesaren verglichen werden. Es gab nur einen kleinen Unterschied. Wenn der Triumphator nach einem großen Sieg im vergoldeten Wagen durch die jubelnde Welthauptstadt fuhr, stand hinter ihm ein Staatssklave, der ihm einen goldenen Kranz über den Scheitel hielt, dazu aber unaufhörlich sprach: Caesar, te hominem esse memento — denke daran, daß du ein Mensch bist — damit der Herr der Welt über all dem Weihrauchschwenken nicht ganz vergessen sollte, daß er doch auch nur ein Mensch wär.

Das war eine sehr weise Einrichtung.

Die Zenzi Triumphatrix hat das also versäumt. Man wird nicht sagen wollen, daß es bei ihr mehr geholfen hätte als beim Caesar, und es ist nicht sicher, ob es bei

Menschen überhaupt helfen kann, wenn sie einmal zwischen zachurische Weihrauchfässer geraten. Aber es wäre doch eine so glänzende Reklame gewesen!

Man denke, ein Sklave, am besten ein schwarzer, hinter der Filmkünstlerin, immerzu sprechend: Zenzi, te hominem esse memento!

30. GESCHICHTE

Welche mit Lachen anfängt, sehr bald aber ernst wird,
weil es um eine Sache geht,
wie sie ernster nicht sein kann. Sehr traurig zu lesen.

Lautes Lachen erscholl im Palast der Zachurischen Kunst. Immer wieder unterbrach es den Vorlesenden.

Meine Herren Preisrichter, mahnte Professor Zos, der Präsident, ich bitte um Ruhe. Schließlich sind wir nicht zum Vergnügen hier, sondern um die Entscheidung zu fällen über den Großen Zachurischen Literaturpreis. Bitte, Doktor, fahren Sie fort mit der Vorlesung!

Aber der Doktor kam nicht weit. Erneut wurden die Preisrichter von Lachen übermannt. Unbezahlbar! riefen sie. Von wem, fragte einer, ist dieses köstliche Stück, wie war der Name noch?

Der Verfasser, sagte der Vorleser, ist ein gewisser Dromon von Zantikyra.

Weiter, weiter, riefen die Herren, von diesem Dromon kann man gar nicht genug hören. Was für ein Vergnügen!

Nein, nein, widersprach Professor Zos, es genügt, wir müssen weiterkommen. Was haben wir noch?

Noch ein Spiel, antwortete der Doktor, betitelt „Das Grauen geht durch den Nebel". Es ist von Zemyl. Ich gebe eine Leseprobe:

Nacht in der großen Stadt. Flackernde Laterne. Dünste

über dem Fluß. Leises Plätschern des Wassers unter der Brücke. Schlurfende Schritte. Zachiel kommt und stützt sich aufs Geländer. Er spricht: Woher? Wohin? Nichts. Das kreideweiße Garnichts. Ich ahne es, spüre es, unablässig klappernd, grauenvoll. Hörst du es auch? Der Böllemann ist unterwegs! Die Brücke schlottert in den Knien. Die Nebel wallen. Siehst du den Böllemann? Aus dumpf stöhnender Schutthalde steigt er auf, haarsträubend und grün. Hahaha! Hier stehe ich im hohlen Zahn des Lebens. Wo will ich hin? Wer bin ich? Eine durchlöcherte Schuhsohle, geschmissen in die große Angst. Die Nebel wallen immer noch. Sie riechen nach Großangst und Grippe. Schon entfärbt sich der alte Fischkopf, umwallt von den wallenden Nebeln.

Der Präsident klopfte mit dem Knöchel aufs Pult. Einen Augenblick, rief er. Wie ich sehe, sind einige Preisrichter eingeschlafen, andere gähnen. Mehr Aufmerksamkeit, wenn ich bitten darf, für dieses Werk!

Also Zachiel, sagte der Vorleser, steht immer noch auf der Brücke. Leiser Regen beginnt zu fallen. Zachiel spricht röchelnd: Wir hängen am Drehkran von Zeit und Raum. Und unten schleicht der Nachtkrapp durch den modrigen Schein-und-Seins-Schlamm. Oh, oh! Wo will er hin? Wo will ich hin? Schauerlich wallen die Nebel.

Genug und übergenug, rief einer der Preisrichter, Zemyl muß den Preis bekommen! Richtig, nickten die anderen, der Große Preis für Zemyl!

Nur einer zeigte sich nicht einverstanden. Haben wir, fragte er, nicht über Dromons Werk herzlich gelacht?

Waren wir nicht alle begeistert? Muß nicht er den Preis haben?

Der Präsident schüttelte den Kopf. Bester Herr Kollege, sagte er lächelnd, ich muß Ihnen wohl ins Gedächtnis zurückrufen, wozu wir hier versammelt sind. Es geht um den Zachurischen Dichterpreis! Da gibt es doch nichts zu lachen. Wann hätte man es jemals erlebt in der Zachurei, daß einem komischen Werk der Preis zugesprochen worden wäre?

Ganz recht, stimmten die Preisrichter bei. Dromon fehlt der nötige Ernst. Ein Spaßmacher.

Wie kann man, beharrte der andere, Zemyl den Preis zuerkennen für seine langweilige Böllemannsdichtung? Was will er überhaupt mit seinem lebensmüden Genörgel? Das kann doch kein Mensch verstehen! Dromon versteht man gleich.

Eben, sagte der Professor, das ist es ja! Deshalb kann Dromon nicht ausgezeichnet werden. Ein Werk, das verständlich und noch dazu spaßhaft ist, rechnen wir Zachuren zur leichten Ware und niederen Literatur. Zemyls Spiel hingegen ist toternst, makaber und ganz unverständlich. Ich habe es auch nicht verstanden, und sogar der große Dichter selbst hat es nur zum Teil verstanden, wie er mir erschauernd anvertraute. Es hat also Gewicht und ist voll von Bedeutung. Es ist tief. Große Literatur.

So fiel die Entscheidung. Sie entsprach der zachurischen Tradition. Zemyl bekam den Dichterpreis — zweihunderttausend Zachunen — und wurde mit dem zachurischen Lorbeer geschmückt.

31. GESCHICHTE

Wie die Stadt Zachzarach gesucht, aber nicht gefunden wurde und wie die Zachurische Bundespost sie finden kann, ohne zu wissen, wo sie liegt

Auf meiner Zachureikarte konnte ich die bedeutende Stadt Zachzarach nicht finden. Ich fragte den Schuljungen Zolf: Sag mal, wo liegt Zachzarach?

Keine Ahnung.

Lernt ihr denn das nicht in der Schule?

Ich habe in Erdkunde eine Fünf, strahlte der junge Zachure.

Das braucht er auch nicht zu wissen, erklärte sein Vater. Er wird Postbeamter.

Dann steckt er ja alles in den falschen Postsack! sagte ich verwundert. Ein Postbeamter muß doch gerade gut sein in Geographie!

Der Vater schüttelte lächelnd den Kopf: Der fortschrittliche Beamte nicht. Sie sind aber von gestern, lieber Freund! Eine Fünf in Erdkunde ist Einstellungsbedingung bei der Zachurischen Bundespost. Erdkunde hält den Postbetrieb nur auf.

Da ich sowieso im nahen Postamt zu tun hatte, fragte ich den Schalterbeamten: Können Sie mir bitte sagen, wo Zachzarach liegt?

Das wissen wir nicht. Wenn Sie aber nach Zachzarach schreiben wollen — es ist 372. Das genügt. Kommt ganz sicher an.

Ja, in Paphlaph vielleicht oder in Zems, rief ich. Wie kann ein Brief richtig in Zachzarach ankommen, wenn die ganze Post nicht weiß, wo es liegt?

Für die geographische Lage sind wir nicht zuständig, mein Herr. Wenden Sie sich an den Herrn Bundespostminister. Vielleicht weiß er es.

Das war eine Idee. Die Zachurei ist ein fremdenfreundliches Land, einen ausländischen Berichterstatter würde der Minister gewiß empfangen.

So war es auch. Postminister Phelix zeigte sich als leutseliger Herr. Schießen Sie nur los mit Ihren Fragen! ermunterte er.

Ich habe nur eine, Exzellenz. Können Sie mir sagen, wo Zachzarach liegt?

Selbstverständlich. Fräulein Zittekind, geben Sie mir mal die Liste her! Zachzarach, hier, 372. Kann Ihnen übrigens jedes Postamt sagen.

Ich meine, in welcher Himmelsrichtung. In welcher Gegend! Im zachurischen Mittelgebirge, im Mündungsgebiet der Zachau oder noch woanders.

Wie soll ich das wissen? Das wissen ja die Zachzaracher kaum. Schauen Sie her: 372, das heißt Leitobergebiet 3, Leitmittelgebiet 7, Leituntergebiet 2. Zachzarach liegt also im zweiten Leituntergebiet des siebten Leitmittelgebiets des dritten Leitobergebiets. Verstehen Sie? Ja, wir haben die perfekten Postleitzahlen.

Ich erinnere mich, sagte ich, daß die zachurische Post

früher berühmt war wegen ihrer Findigkeit. Sie wußte so gut Bescheid in der Geographie, daß sie das kleinste Dörfchen fand, ganz ohne Zahlen.

Ja, früher, wiederholte er. Früher wußten die Zachuren manches. Jetzt wissen wir nichts mehr. Wozu sollen wir schlau sein? Schlau sind die Maschinen! Eine Postleitmaschine haben wir, mein werter Herr, die hat einen Kopf wie ein Nilpferd, hinein mit den Briefen, schon ist alles sortiert. Da ist Erdkunde nur hinderlich. Wir brauchen daher den fortschrittlichen Beamten. In diesem Lande werden täglich hundert Millionen Briefe und Karten geschrieben, mein Lieber! Das Nilpferd verdaut sie spielend. Je mehr wir schreiben, um so dümmer werden wir, hahaha! Wir halten es mit Sophokles, da, sehen Sie!

Er deutete auf einen Wandspruch, und ich las: Im Unverstand nur ist das Leben angenehm, Sophokles.

Wir haben es gut, fuhr er freudig fort. Was sollen wir uns mit geographischen Kenntnissen belasten? Der Erdkundeunterricht in den Schulen wird auch abgeschafft, im Erziehungsministerium wird das Gesetz schon vorbereitet. Denn der Autofahrer braucht keine Erdkunde mehr, er fährt in Zukunft nicht mehr von Zems nach Qaph, sondern von 428 nach 214, Autoleitzahlen leiten ihn auf allen Straßen! Erdkunde ist veraltet. Wer viel lernen muß, der muß viel leiden. Ist von Salomo. Die Zachuren leiden nicht.

Mit Ausnahme, überlegte ich, der wenigen, die sich die fortschrittliche Dummheit nicht leisten können, weil sie das ersinnen und bauen müssen, was hinter den

Knöpfchen ist, auf die ihr drückt — der Fachteams, die die Drähte spannen, an denen sich der Zachure entlangtastet. Ist das kein unheimliches Gefühl, immer so im Dusteren zu tappen?

Gar nicht! lachte er. Die Zachuren sind ein glückliches Volk. Hören Sie!

Er öffnete das Fenster. Unten zog eine Schulklasse mit schallendem Gesang vorbei. Hundertzwölf ist meine Heimat, sangen sie, hundertzwölf, wie bist du so schön!

32. GESCHICHTE

Welche die letzte in diesem wahren Buch, aber bei weitem nicht die unwichtigste ist. Handelt von der zachurischen Chefkrise

Auf der Heimreise las ich im „Zachurischen Fortschritt" folgende Inserate:

Chefstelle frei! Wegen Ablebens des bisherigen sucht führender Textilbetrieb neuen Eigentümer. Der Besitz kann sofort angetreten werden. Spinnerei und Weberei Zachuria, die Arbeiter und Angestellten.

Chef gesucht! Infolge Flucht des bisherigen ist der Posten des Fabrikherrn zu vergeben. Verantwortungsfreudige Herren von unermüdlicher Schaffenskraft mögen sich mit den üblichen Unterlagen bewerben bei der Belegschaft der Nordzachurischen Röhrenwerke.

Meine Verwunderung stieg noch, als ich bemerkte, daß die ganze Seite voll war von derartigen Inseraten. Industrie- und Handelsunternehmen jeder Größe wie auch Handwerksbetriebe waren an dieser Chefsuche beteiligt. Überall fehlten Chefs; die meisten waren gestorben, nicht wenige geflohen — einige von diesen waren als „abgängig" oder „unauffindbar" bezeichnet —, andere lagen im Sanatorium. Eine Anzeige lautete:

Als Nachfolger des bisherigen, der im Sanatorium

einem baldigen Ende entgegensiecht, wird emsiger, ideenreicher Chef gesucht. Geboten: bedeutendes Unternehmen der Baustoffbranche. Bedingung: robuste Gesundheit.

Ich beschloß, die Mitreisenden zu befragen, um mir Aufklärung über diese Chefkrise zu verschaffen. Im gleichen Abteil erster Klasse fuhren drei Herren mit, die ihrem gepflegten Äußeren und ihrer würdigen Haltung nach Arbeiter sein mußten, und ich hatte mich nicht getäuscht. (Ich habe es mir zur Gewohnheit gemacht, in der Zachurei stets Erster zu fahren, um die führende Gesellschaftsschicht des Landes kennenzulernen.) Meine Herren, redete ich sie an, könnten Sie wohl die Güte haben, einen Fremden über eine Frage aufzuklären, die offensichtlich die zachurische Wirtschaft bedroht? Eine ganze Seite dieser berühmten Zeitung enthält nichts als Stellenangebote für Chefs — Fabrikanten oder sonstige Betriebsinhaber!

Das ist noch nicht alles, erwiderte der mir zunächst Sitzende mit traurigem Lächeln. Erlauben Sie?

Er nahm mir die Zeitung aus der Hand und zeigte mir, daß vier weitere Seiten gleichfalls mit Stellenangeboten für Chefs gefüllt waren, deren Vorgänger in den meisten Fällen gestorben waren.

Kaum zu glauben! entfuhr es mir. Woran sind denn die alle gestorben?

Überarbeitung, erklärte der Zachure. Einige leben noch, aber sie werden es auch nicht mehr lange machen — abgesehen von denen vielleicht, die die Flucht ergriffen haben.

Sich schnöde der Verantwortung entzogen haben, willst du wohl sagen! bemerkte sein Nebenmann. Sie drücken sich!

Es ist schrecklich, sagte der Dritte. Ehrenwerter Fremdling, Sie haben das zentrale Problem der zachurischen Wirtschaft angerührt. Keiner will mehr Chef sein, obwohl doch verschiedentlich sogar äußerste Aufstiegsmöglichkeiten geboten werden: spätere Übernahme ins Angestelltenverhältnis! Wenn wir keine Chefs finden — was soll aus uns werden?

Alle drei machten betrübte Gesichter.

Ja, zum Kuckuck! rief ich, einer aus Ihren Reihen kann doch Chef werden!

Die Zachuren sahen mich an, als hätten sie nicht recht gehört. Langsam löste ein mitleidiges Lächeln ihre verständnislosen Mienen auf. Sie sind ein Fremder, sagte einer, vielleicht liegt es daran. Überlegen Sie es doch einmal! Meinen Sie denn, wir sind verrückt? Glauben Sie, wir wollten arbeiten bis in die Nacht, keine freie Stunde haben, kaum das historische Wochenende, vom fortschrittlichen zachurischen gar nicht zu reden?

Und dann mit Fünfzig in die Grube fahren, ergänzte der Nächste. Siebzigstundenwoche, das wäre ja noch schöner! Wir sind doch noch bei Trost! Kein bezahlter Urlaub, keine Sicherheit, dafür aber Sorgen, die ganze Verantwortung. Nicht einmal eine ordentliche Krankheit könnte man sich mehr leisten.

Arbeitssklaverei! rief der andere aus. Nein, nein, wir wollen unseren freien Kopf, wollen zu uns selber kommen, mal ausspannen. Mensch sein! Das viele Arbeiten ist nämlich gar nicht gut für die Gesundheit, lieber Herr.

So ist es, bestätigte der Dritte. Wir wollen was vom Leben haben! Wir, mein Herr, wollen arbeiten, um zu leben, nicht leben, um zu arbeiten. Wir wollen die sozialen Errungenschaften genießen, dazu sind sie ja da.

Also dann, sagte ich, wenn ich sie recht verstehe, suchen Sie Dumme?

Ganz richtig, nickten sie. Das heißt, erläuterte der eine, in gewisser Hinsicht ja, aber so einfach ist es auch wieder nicht. Sonst könnten wir ja einfach einen Dorftrottel zum Chef machen — Dorftrottel sind als sehr fleißig und anspruchlos bekannt —, aber die Sache muß ja klappen, die Wirtschaft muß funktionieren florieren, sonst wird das Sozialprodukt, an dem wir immer mehr teilhaben wollen, kleiner statt größer, und dann?

Die Zachuren ließen die Köpfe hängen. Auch ihr Betrieb — die drei waren im gleichen Werk beschäftigt — war von der Chefkrise nicht verschont geblieben. Ihr Chef war fortgelaufen.

Wenn wir bloß einen Chef fänden, seufzten sie. Es wird immer schwerer. Schlechte Zeiten, bester Fremdling. Keiner will mehr arbeiten.

Gesicht in der Menge

Über 500 Bände Herderbücherei

Achtzehn Jahre brauchte die Herderbücherei, um ihren 500. Band zu erreichen. Auf den 1000. Band brauchen die Leser keine zehn Jahre mehr zu warten. Die Taschenbuchredaktion hat in letzter Zeit ein neues Tempo vorgelegt. Statt zwei bis drei, erscheinen jetzt fünf bis sechs Bände im Monat. Flucht in die Quantität?

Das wird ernsthaft bestritten. Mehr Titel – das sei die Antwort auf mehr Fragen, die heute auf die Herderbücherei zukommen. Man spricht von Alternativrolle, in die man durch die doktrinäre Einseitigkeit anderer großer Serien gedrängt werde.

So entstand die Gelbe Serie (Gesamtauflage jetzt 300000), in der u. a. Helmut Schoeck, Hermann Lübbe, Wilhelm Hennis und Günter Rohrmoser eine wirksame publizistische Plattform fanden. Auch der 500. Band – eine kritische Zwischenbilanz unseres Zeitalters von Anton Böhm „Leben im Zwiespalt" – erschien in dieser Titelgruppe. Ab Oktober 1974 wurde der Rahmen weitergesteckt. Herderbücherei INITIATIVE, ein von Gerd-Klaus Kaltenbrunner herausgegebenes Zweimonatstaschenbuch, soll den kulturrevolutionären Zukunftsvorstellungen ein Programm der praktischen Vernunft entgegenstellen. Die ersten Titel: Plädoyer für die Vernunft, Klassenkampf und Bildungsreform, Die Herausforderung der Konservativen.

Psychologie und Psychagogik sind das zweite große Thema der Herderbücherei. Hier reiht sich von Joachim Bodamers „Mensch ohne Ich" bis zu den Publikationen von Christa Meves, die in den letzten drei Jahren in der Herderbücherei eine Taschenbuchauflage von 650000 Exemplaren erreichte, Erfolg an Erfolg. Dabei ist in allen Bänden davon die Rede, daß der Mensch zunächst einmal sich selbst ändern muß, wenn er glücklich werden will. Auch die Serie Pädagogik, die seit 1973 das populäre Programm der Elterninformation mit Fachberichten für den Lehrer ergänzt, läßt utopische Weltverbesserungsideen links liegen und wendet sich der Schulwirklichkeit zu.

Daß die religiöse Frage nicht ausgeklammert werden kann, wenn man sich mit den Bedingungen einer humanen Existenz beschäftigt, ist selbstverständlich. Die Herderbücherei zog die Konsequenz daraus und brachte in regelmäßiger Folge Glaubensdokumente und aktuelle theologische Informationen. Die führenden Denker beider Konfessionen sind in der Autorenliste mit beträchtlichen Auflagezahlen vertreten, u. a. Karl Rahner (770 000), der Friedenspreisträger des Deutschen Buchhandels 1974 Roger Schutz (263 000), Hans Küng (70 000) und Helmut Thielicke (76 000). Für das Jubiläumsprogramm beschrieb der tschechische Schachgroßmeister Ludek Pachman seinen Weg vom Marxismus zum Christentum. Dem Lebenszeugnis des einzelnen mißt die Redaktion besondere Bedeutung bei.

Über fünfhundert Bände – Rücken an Rücken gestellt eine Phalanx von 5,80 m – eine Vielfalt, die sich nicht auf ein paar Grundlinien reduzieren läßt. Wo soll man die „Blaue Serie" einordnen, in der Experten wie Carl Friedrich von Weizsäcker, Karl Steinbuch, Joachim Illies (210 000), Heinrich Zoller, Grenzfragen der Naturwissenschaften diskutieren? Wohin mit den Nachschlagewerken und Studienbüchern, die Semester für Semester ihren Käuferkreis finden? Darf man die historischen Taschenbücher unerwähnt lassen, die bewußt gegen den Trend der Geschichtslosigkeit geschrieben und verlegt werden?

Achtzehn Jahre Herderbücherei, das ist selbst schon ein kleines Stück Geschichte, am deutlichsten ablesbar am Verstummen der großen katholischen Literaturbewegung, die im Beginn der Reihe z. B. durch Reinhold Schneider, Werner Bergengruen, Georges Bernanos und Paul Claudel repräsentiert war. Von den literarischen Ansätzen blieb nur die Tradition eines G. K. Chesterton und eines Bruce Marshall: das humoristische Feuilleton, die hintergründige Zeitsatire. Dieses Gebiet wird von der Redaktion nach wie vor mit stiller Vorliebe gepflegt; denn das befreiende Lachen soll den Herderbücherei-Lesern nicht ausgehen. Ein optimistisches Vorhaben freilich, wenn man bedenkt, daß Herder nach einer neuen Allensbach-Umfrage 6 Millionen Taschenbuchkunden erreicht.